Migrationsland Schweiz –
Mythen, Realitäten und Perspektiven

Ein Sammelband gegen die
«Keine 10-Millionen-Schweiz!»-
Initiative der SVP

Migrations-land Schweiz

Mythen, Realitäten und Per-spektiven

Ein Sammelband gegen die «Keine 10-Millionen-Schweiz!»-Initiative der SVP

Sanija Ameti, Lisa Mazzone, Nadja Mosimann, Cédric Wermuth, Pascal Zwicky (Hrsg.)

Teil 1 Geschichte und Narrative

Teil 2 Argumente gegen die «Keine 10-Millionen-Schweiz!»-Initiative der SVP

Teil 3
Die Migrationsgesellschaft von Morgen

Anhang

Editorial

Sanija Ameti,
Lisa Mazzone,
Nadja Mosimann,
Cédric Wermuth,
Pascal Zwicky

Fakt: Migrant:innen haben die Schweiz schon immer mitgebaut, mitgestaltet, mitgedacht. In den mythischen Zeiten von Wilhelm Tell und Walterli, Mitte des 19. Jahrhunderts, als die Schweiz zum Bundesstaat wurde, nach den grossen Kriegen des 20. Jahrhunderts und heute, in der global vernetzten und krisengeschüttelten Welt des 21. Jahrhunderts.

Ohne Zuwanderung wären heute weder die Pflegekräfte, die das Schweizer Gesundheitssystem Tag für Tag am Laufen halten, hier noch die Wissenschaftler:innen, die an Schweizer Hochschulen forschen, oder die Bauarbeiter:innen, die Schweizer Städte errichten.

Ohne Zuwanderung auch weniger Klang in Konzertsälen, weniger Jubel in Stadien, weniger Geschmack auf deinem Teller, weniger Freude in deinem Herzen. Ohne Zuwanderung wäre deine beste Freundin nicht hier. Dein Grosi wäre nicht hier. Vielleicht auch du und ich nicht?

Zuwanderung ist nicht auf eine Bilanz aus ökonomischem Schaden und Nutzen reduzierbar. Das weiss auch die Rechte, die fremdenfeindliche Narrative gekonnt nutzt, um mit ihnen auch ohne subjektiv oder objektiv nachweisbare Verschlechterungen durch Zuwanderung Wahlen zu gewinnen.[1]

Migration ist für die Menschen, die aus den unterschiedlichsten Gründen migrieren (müssen), eine lebensbestimmende Erfahrung – und oftmals harte Realität. In den politischen Auseinandersetzungen ist Migration hingegen vor allem *eine Erzählung*. Und die Art und Weise, wie sie erzählt wird, bestimmt das politische Klima.

Dieser Sammelband beschäftigt sich mit Zuwanderung jenseits von (rechten) Mythen. *Migrationsland Schweiz* versteht Zuwanderung nicht als Ausnahmezustand oder Multikulti-Schwärmerei, sondern als gesellschaftliche Realität, mit der es solidarisch umzugehen gilt. Migration ist Teil der Schweizer Geschichte und Zukunft – im Asylbereich ebenso wie im europäischen Binnenmarkt, in der globalen Arbeitsmigration ebenso wie im alltäglichen Zusammenleben.

Ein Angriff auf das Migrationsland Schweiz

Im Juni 2026 muss die Schweizer Stimmbevölkerung erneut über eine migrationspolitische Initiative der SVP abstimmen – das fremdenfeindliche Grundrauschen muss erhalten bleiben!

Hinter der Volksinitiative «Keine 10-Millionen Schweiz! (Nachhaltigkeitsinitiative)» verbirgt sich der Versuch, die «Masseneinwanderungsinitiative» von 2014 neu aufzulegen – ein Rezept, das sich aus Sicht der SVP bewährt hat. Damals gelang ein knappes Ja, auch weil das progressive Lager zu wenig mobilisierte.[2] Heute geht es wieder um

1 Vgl. A. Alrababah/A. Beerli/D. Hangartner/D. Ward: The free movement of people and the success of far-right parties: Evidence from Switzerland's border liberalization, in: American Political Science Review 3/2024, S. 1–20.

2 Ohne asymmetrische Mobilisierung wäre die Zustimmung zur «Masseneinwanderungsinitiative» bei 47 statt 50 Prozent gelegen; vgl. M. Hermann: Politgeo-

Grundsätzliches: um Solidarität und Menschenwürde, um den Platz der Schweiz in der Welt – und um ein klares Zeichen gegen den Vormarsch der autoritären Rechten in Europa.

Von Trump bis Meloni, von Orbán bis Weidel – vielerorts wächst die autoritäre Rechte «dank» ihrer migrationsfeindlichen Rhetorik. Sie ist ihr Hebel, um Mehrheiten zu gewinnen und Demokratien Schritt für Schritt auszuhöhlen. Oder anders ausgedrückt: Die Stimmungsmache gegen Migrant:innen ist ein wichtiger Treibstoff für die «Zerstörungslust» der rechten Demokratiefeinde.[3]

Nicht zuletzt, weil Parteien der sogenannten politischen Mitte bereit sind, diese Hetze zu übernehmen oder zu verharmlosen, verschiebt sich das gesamte politische Feld nach rechts. Auch in der Schweiz. Gerade deshalb braucht es eine fakten- und wertebasierte Gegenbewegung – gegen die fremdenfeindliche Initiative der SVP ebenso wie gegen die autoritäre Grosswetterlage in Europa.

Dieser Sammelband versteht Migration nicht als Spaltpilz, sondern als *einen Prüfstein des politischen Liberalismus*, an dem sich entscheidet, ob eine Gesellschaft ihre demokratische Substanz verteidigt.

Absage an den Universalismus

Wirtschafts- oder sozialpolitisch mögen Blocher, Trump, Le Pen, Kickl, Meloni und andere rechtsautoritäre Führungsfiguren Unterschiedliches propagieren. Der gemeinsame Nenner: harte Migrationspolitik. Über die Abwertung von «Ausländer:innen» gelingt es ihnen teils seit Jahrzehnten,

grafische Studie zur Masseneinwanderungsinitiative, https://sotomo.ch/site/wp-content/uploads/2020/12/Politgeografische_Studie_MEI.pdf.

3 Carolin Amlinger und Oliver Nachtwey zeigen, dass moderner Autoritarismus nicht den Bruch mit der Demokratie sucht, sondern ihre Form beibehält, während ihr Geist ausgehöhlt wird. Das Versprechen: Sicherheit durch Ausschluss. Das Resultat: eine Gesellschaft, die sich selbst misstraut; vgl. C. Amlinger/O. Nachtwey: Zerstörungslust. Elemente des demokratischen Faschismus, Berlin 2024.

Wähler:innengruppen mit unterschiedlichen Präferenzen in anderen politischen Dossiers und über verschiedene soziale Schichten hinweg zu mobilisieren. Die rhetorische Figur der «Überfremdung» ist dabei kein neues Phänomen, sondern ein strategisch bewährtes: Zuwanderung wird zum Projektionsraum kollektiver Verlustängste.

Die rechtsextremen «Remigrations»-Pläne oder die illegalen Abschiebungen in den USA zeigen, wohin das führt: in Entrechtung und Autoritarismus. Die «Nachhaltigkeitsinitiative» der SVP geht nicht so weit, stösst aber ins selbe fremdenfeindliche Horn. Wie andere autoritäre Projekte ist sie eine *Absage an den Universalismus* – an die Idee, dass alle Menschen gleichwertig sind und gleiche Rechte besitzen. Anstelle universeller Werte treten Abgrenzung und Spaltung. Es braucht ein «Wir» und ein «Sie». Ziel dieser Politik sind die Schwächsten: Menschen ohne Bürger:innenrecht, Migrant:innen, Geflüchtete (oder auch beispielsweise Sozialhilfeempfänger:innen mit Schweizer Bürger:innenrecht).

Die SVP behauptet, «unkontrollierte Einwanderung» habe eine «Bevölkerungsexplosion» ausgelöst, die Natur und Infrastruktur überfordere und die Mieten in die Höhe treibe. Ihre Initiative will die Bevölkerung deshalb bei zehn Millionen deckeln – notfalls durch Asylabbau, Familiennachzugsstopp oder die Kündigung internationaler Abkommen.[4]

Doch diese Argumentation ist alt. Schon Thomas Malthus entwickelte Ende des 18. Jahrhunderts eine Bevölkerungstheorie, die Hunger, Armut und ökologische Knappheit auf «zu viele Menschen» zurückführte – und damit die ideengeschichtliche Grundlage für spätere rassistische, eugenische und koloniale Denktraditionen legte. Wie Dana Schmalz zeigt, wird das Bevölkerungsargument

4 https://nachhaltigkeitsinitiative.ch/.

meist genutzt, um von den tatsächlichen strukturellen Problemen und Herausforderungen abzulenken.[5] Genau das tut die SVP: Das wirtschaftsliberale «Erfolgsmodell Schweiz» bleibt unangetastet. Stattdessen soll das Klima durch den Ausschluss von Menschen gerettet werden. Doch entscheidend ist nicht, *wie viele* wir sind, sondern *wie* wir leben und konsumieren. Die «Nachhaltigkeit» der Initiative ist reine Täuschung – ein (rot-)grünes Feigenblatt für die altbekannte rechte Agenda.

Die liberalen Eliten, von Mitte-Rechts bis Mitte-Links, tragen eine Mitverantwortung dafür, dass die migrationsfeindliche Politik der Rechten so erfolgreich ist – und zwar im doppelten Sinn: Einerseits hat ihr Unwille und Unvermögen, globale Ungleichheit und Fluchtursachen strukturell anzugehen, die «Elends- und Fluchtmigration» mit hervorgebracht, auf deren Rücken die Rechte heute – viel lieber als auf dem der Eliten- und Expertenmigration – Ressentiments schürt, um sie für ihre politischen Ziele zu instrumentalisieren.[6] Auf der anderen Seite sind sie es, die den fremden- respektive menschenfeindlichen Diskurs tröpfchenweise übernehmen und damit salonfähig machen.

Heuchelei, Anachronismus und politische Agenda

Kaum ein Land hat so sehr von Globalisierung profitiert wie die Schweiz – wirtschaftlich, wissenschaftlich, gesellschaftlich. Sich aus globalen Verflechtungen und Verantwortungen zurückzuziehen, Migration und Bevölkerungsentwicklung «selbstbestimmt» regulieren zu wollen, ist daher Heuchelei. Gerade auch weil sich die Schweiz gleichzeitig mit Elan an der kollektiven «Festung Europa» beteiligt, die Migration

5 Vgl. D. Schmalz: *Das Bevölkerungsargument,* Berlin 2025.
6 Diese Dualisierung der Migration bespricht beispielsweise C. Butterwegge: Globalisierung, Migration und (Des-)Integration, 2006, https://heimatkunde.boell.de/de/2006/09/18/globalisierung-migration-und-des-integration.

von ausserhalb Europas kriminalisiert und stigmatisiert.

Die Initiative der SVP ist aber nicht nur unsolidarisch und fremdenfeindlich, sondern auch anachronistisch. Sie spielt mit alten Parolen der Schwarzenbach-Zeit, ignoriert aber, dass sich die Gesellschaft verändert hat. So trifft die Initiative demografisch ins Leere: Die Schweiz hat kein Wachstums-, sondern ein Alterungsproblem,[7] und der Fachkräftemangel ist Realität – ein Ja zur Initiative würde beides verschärfen. Selbst Economiesuisse und FDP lehnen sie ab.

«Die Sorgen der Bevölkerung ernst nehmen» – das finden wir alle. Aber ernst nehmen heisst eben nicht, vereinfachende Lösungen für komplexe Situationen anzubieten. Die SVP sucht mit ihrer Initiative nicht nach Nachhaltigkeit. Sie bewirtschaftet vielmehr das stetige Tropfen von Angst, Misstrauen und Spaltung, das ihr (gemäss jüngsten Umfragen[8] erschreckend viele) Stimmen bei den nächsten Wahlen bringen soll.

Andreas Reckwitz beschreibt unsere Zeit als Epoche der *Verlusteskalation*: Verlust von Sicherheit, Orientierung, Zukunft. Klimakrise, Kriege, soziale Prekarität und Digitalisierung haben das Vertrauen in Fortschritt erschüttert, der für eine Demokratie essenzielle Zukunftsoptimismus ist geschwächt.[9] Frühere Generationen übersetzten Verlusterfahrungen in Aufbrüche – und wir? Oft in Angst.

In dieses Vakuum stösst die autoritäre Rechte: Sie verspricht Wiederherstellung, Kontrolle, Zugehörigkeit – und liefert Abschottung und Ausgrenzung. Wer an die

7 Vgl. Bundesamt für Statistik: Szenarien zur Bevölkerungsentwicklung der Schweiz und der Kantone, 2025–2055, 15. April 2025, https://www.bfs.admin.ch/bfs/de/home/statistiken/bevoelkerung/zukuenftige-entwicklung/schweiz-szenarien.assetdetail.34687099.html.

8 Sotomo: SRF SSR Wahlbarometer, Oktober 2025, Oktober 2025, https://sotomo.ch/site/wp-content/uploads/2025/10/SRG_Wahlbarometer_2025.pdf.; Tamedia-Umfrage, Dezember 2025, https://www.tagesanzeiger.ch/10-millionen-schweiz-initiative-knappe-mehrheit-dafuer-208334895317.

9 Vgl. A. Reckwitz: Verlust – ein Grundproblem der Moderne. Berlin 2024.

Zukunft nicht glaubt, sucht Halt in einem imaginierten Gestern.

Solidarität und Hoffnung jenseits der Defensive

Die bürgerlichen Parteien tragen diese Dynamik mit, insofern sie die Auseinandersetzung mit den Ursachen der «Polykrise»[10] scheuen und an der imperialen Lebensweise[11] festhalten. Für Ulrich Brand und Markus Wissen bedeutet diese Lebensweise, dass der globale Norden seinen Wohlstand auf Kosten anderer Teile der Welt aufrechterhält: durch übermässigen Ressourcenverbrauch, Ausbeutung und ungleiche Handelsstrukturen. Solange diese Dynamik nicht infrage gestellt wird, bleibt das Versprechen von Nachhaltigkeit hohl – und die Rechte kann soziale Ängste erfolgreich in nationale Parolen übersetzen.

Das Resultat: politische Defensive statt Gestaltung. Gerade in der Migrationspolitik.

Doch Zukunft wächst immer irgendwo. Sei es in Parlamenten oder NGOs, sei es auf den Strassen – in Bewegungen für Gaza, für das Klima, gegen patriarchale Strukturen oder gegen Ungerechtigkeit und Krieg. Diese Energie – Empathie gegen Zynismus – ist die Kraft, die wir brauchen, um dieser nächsten fremdenfeindlichen Welle in der Schweiz, welche die SVP lostreten will, Einhalt zu gebieten.

Was Menschen heute mobilisiert, ist vielleicht nicht immer die Vision einer fernen Utopie, aber wohl der Widerstand gegen Unmenschlichkeit und das Versprechen, dass eine andere, gerechtere Welt möglich

10 Vgl. P. Zwicky: Die Polykrise als historisch neuartige Situation, in: L. Franzini/N. Mosimann/B. Ringger/P. Zwicky (Hrsg.): Noch Hoffnung? Von den Möglichkeiten der Solidarität im Wirbel von Krisen, Zürich 2024, S. 13–22.

11 Vgl. U. Brand/M. Wissen: Kapitalismus am Limit, München 2024.

bleibt. Dass wir weiter aktiv versuchen, Demokratie nicht nur zu verteidigen, sondern auch über ihre liberale Form hinaus zu vertiefen, ist sowohl Teil dieses Widerstands als auch dieses Versprechens. In der Migrationspolitik beispielsweise, indem wir Rechte sichern und ausweiten, sichere Zugangswege schaffen, Sans-Papiers regularisieren und Teilhabe ermöglichen.

2026 wird nicht nur über die (nächste) reaktionäre Überfremdungsinitiative der SVP abgestimmt. Auch die «Demokratie-Initiative», die ein Grundrecht auf Einbürgerung nach fünf Jahren rechtmässigen Aufenthalts in der Schweiz einführen möchte, wird im Parlament behandelt und kommt zur Abstimmung. Diese Initiative bietet den progressiven Kräften die Chance, migrationspolitisch in die Offensive zu gehen und eine andere Migrationsgeschichte zu erzählen: die selbstbewusste Erfolgsgeschichte eines vielfältigen Landes, von Menschen, die in der Schweiz leben, hier arbeiten, sich hier engagieren und hier auch als vollwertige Bürger:innen mitbestimmen möchten. Angst ist die Waffe unserer Gegner:innen. Unsere Antwort ist Hoffnung.

Beiträge im Sammelband

Drei verbindende Gedanken ziehen sich durch die Kapitel von *Migrationsland Schweiz*: Erstens ist Migration keine Bedrohung, sondern Ausdruck einer verflochtenen Welt, in der Mobilität eine Bedingung von Gerechtigkeit ist. Zweitens hat die Schweiz von dieser Offenheit profitiert – wirtschaftlich, sozial, kulturell –, sie kann sich ihrer globalen Verflechtungen und Verantwortungen nicht entziehen. Und drittens muss eine zukunftsfähige Migrationspolitik universell, solidarisch und demokratisch sein – sie darf nicht auf Angstmacherei und Abschottung basieren, sondern der Gleichheit und Gerechtigkeit verpflichtet sein.

Der Sammelband gliedert sich in drei Teile, die diese Perspektive aus historischer, politischer und gesellschaftlicher Sicht entfalten.

Gianni D'Amato eröffnet den Band mit einer historischen Tiefenbohrung. Er zeigt, dass die Schweiz seit Jahrhunderten ein Migrationsland ist – geformt durch Arbeitswanderung, Handel, Exil und Rückwanderung. Migration, so D'Amato, war nie Ausnahme, sondern Strukturprinzip: ökonomisch prägend, politisch umstritten, gesellschaftlich stets erneuernd.

Philipp Lutz legt dar, weshalb Narrative gerade auch in Bezug auf Migrationspolitik von grosser Bedeutung sind. Er kommt zu dem Schluss, dass es an einer positiven Erzählung über das Migrationsland Schweiz fehlt.

Volker Heins ergänzt diesen Blick und zerlegt das alte Bild vom «vollen Boot», das im rechten Überfremdungsdiskurs immer wieder genutzt wird. Eine demokratische Gesellschaft, so Heins, muss lernen, Ungleichheit nicht durch Grenzen zu organisieren, sondern durch Gerechtigkeit zu überwinden.

Sanija Ameti analysiert zum Abschluss des ersten Teils, wie rechtspopulistische Kräfte Identität und Souveränität instrumentalisieren, um ein homogenes «Wir» zu behaupten, das in einer pluralen Gesellschaft längst nicht mehr existiert. Ihr Beitrag zeigt, dass demokratische Souveränität nicht durch Abschottung, sondern durch Teilhabe und Gleichberechtigung gesichert wird.

Im zweiten Teil wird die «Nachhaltigkeitsinitiative» der SVP genauer analysiert und es werden Argumente gegen die Initiative gesammelt.

Marc Spescha bespricht die Initiative aus juristischer Sicht und zeigt, dass ihre Umsetzung völker- wie verfassungsrechtlich kaum möglich wäre. Sie verletzt internationale Verpflichtungen ebenso wie Grundrechte und steht im Widerspruch zu zentralen Prinzipien der Bundesverfassung.

Rosemarie Weibel und *Simon Stettler* lesen das Einwanderungsrecht als Spiegel gesellschaftlicher Reinheitsvorstellungen. Anhand juristischer Diskurse zeigen sie, wie sich rechtliche Grenzziehungen mit moralischen Hierarchien verschränken – und wie diese wiederum in politische Ausschlussmechanismen übersetzt werden.

Vania Alleva warnt vor den ökonomischen Folgen der Initiative. Sie erinnert daran, dass die Personenfreizügigkeit das Rückgrat der modernen Schweizer Wirtschaft bildet und ein Ja zur Initiative Arbeitsplätze, Löhne und Innovation gefährden würde.

Daniel Lampart untersucht die Personenfreizügigkeit aus sozialpolitischer Sicht. Er zeigt, dass sie nicht nur wirtschaftliche Vorteile bringt, sondern auch Rechte schützt – und dass ihre Abschaffung die soziale Spaltung vertiefen würde.

Sabrina Stallone diskutiert im Gespräche mit *Gabriela Debrunner* die politische Dimension von Raum. Sie zeigen, wie städtebauliche Begriffe wie «Verdichtung» oder «Lebensqualität» missbraucht werden können, um Ausschluss zu legitimieren, und plädieren für eine solidarische Raumplanung.

Jacqueline Badran widerlegt mit empirischen Argumenten den Mythos, Migration sei Haupttreiber steigender Mieten. Sie zeigt, dass die Wohnungsnot in erster Linie eine Folge politischer Deregulierung und Spekulation ist.

Adina Rom beleuchtet die globale Dimension: Während Kapital nahezu grenzenlos zirkulieren kann, bleibt die Bewegungsfreiheit von Menschen eingeschränkt. Ihr Beitrag zeigt, wie ungleiche Mobilitätsrechte selbst zu einer Form globaler Ungerechtigkeit werden.

Balthasar Glättli widmet sich in seinem Artikel dem Asylbereich. Er zeigt, dass dieser Bereich wenig zur Nettozuwanderung beiträgt und vor allem diejenigen Menschen in die Schweiz kommen, die auch tatsächlich Schutz benötigen.

Miriam Suter und *Natalia Widla* analysieren Geschlechterverhältnisse in der Migrationsdebatte und erinnern daran, dass Gewalt gegen Frauen kein Importproblem ist, sondern ein strukturelles Phänomen. Sie fordern eine feministische Perspektive, die Geschlechter- und Migrationsgerechtigkeit zusammendenkt.

Sarah Schilliger und *Julia Maisenbacher* schliessen den zweiten Teil mit einem feministischen und solidarischen Appell. Sie entwerfen das Konzept einer «Care-Gemeinschaft», die Fürsorge, Migration und soziale Verbundenheit zusammendenkt, und zeigen, dass Sorgearbeit die Grundlage einer solidarischen Gesellschaft ist.

Der dritte Teil blickt nach vorn: auf eine Schweiz, die Migration als Realität und Chance begreift und für wirkliche Probleme keine Sündenböcke, sondern Lösungen sucht.

Beat Ringger dekonstruiert die populäre Überlastungsrhetorik. An den Beispielen Gesundheitsversorgung und Mobilität zeigt er, dass nicht Zuwanderung, sondern falsche politische Entscheidungen für die gegenwärtigen Herausforderungen verantwortlich sind. Ein Grossteil der öffentlichen Dienste würde heute ohne ausländische Fachkräfte kollabieren.

Lisa Mazzone entwickelt das Konzept einer echten Nachhaltigkeitspolitik: einer Politik, die ökologische Verantwortung, soziale Gerechtigkeit und Menschenrechte zusammendenkt. Sie zeigt, dass ökologische Ziele nur erreicht werden können, wenn sie mit Fragen globaler Gleichheit verbunden sind.

Stefan Manser-Egli blickt auf die Geschichte der Überfremdungsinitiativen in der Schweiz zurück, die mit der «Schwarzenbach-Initiative» 1970 ihren Anfang nahm. Die Initiative «Für ein modernes Bürgerrecht (Demokratie-Initiative)» sieht Manser-Egli als radikalen Gegenentwurf dazu.

Samir erzählt die fiktive Geschichte eines grossen migrantischen Generalstreiks. Er appelliert an die klassische Linke, die migrantischen Kämpfe als die eigenen zu erkennen und sie aktiver zu unterstützen.

Artan Islamaj sucht zum Schluss nach neuer Orientierung in einer Zeit, in welcher der traditionelle (politische) Kompass versagt. Auf diesem

Weg lässt sich eine neue Schweiz entdecken. Eine Schweiz, die sich der Realität zuwendet und Verantwortung übernimmt.

Migration ist einer der rote Fäden, der die Vergangenheit der Schweiz mit ihrer Zukunft verknüpft. Die Schweiz kann kein Bollwerk sein – sie war immer Kreuzung, Transit, Zuflucht und Zuhause.

Die Zukunft dieser Gesellschaft entscheidet sich nicht daran, *ob* sie sich verändert, sondern *wie*.

Das Gegenbild zur Angst ist nicht Sicherheit.

Es ist Solidarität.

Teil 1

Geschichte und Narrative

Gianni D'Amato 25

Eine Geschichte der Schweizer Migrationspolitik

An der Kreuzung der transalpinen Handelswege gelegen, ohne Zugang zum Meer, aber mit stabilen Institutionen ausgestattet, bildet die Schweiz seit fünf Jahrhunderten ein Laboratorium der europäischen Mobilität. Ihre Migrationspolitik schwankt ständig zwischen einer pragmatischen Öffnung, die durch die Bedürfnisse der Wirtschaft gerechtfertigt ist, und einer identitätsbezogenen Abschottung, die durch die Angst vor einer «Überfremdung» genährt wird. Diese Dialektik hat ein bemerkenswert flexibles Rechtsinstrumentarium hervorgebracht – selektive Einbürgerungen, differenzierte Bewilligungen, Kontingente und Schutzklauseln –, dessen Geschichte zeigt, wie sehr das Ausländerrecht als Anpassungsvariable an die Konjunktur dient. Die folgende diachrone Analyse stützt sich auf die jüngste historische Forschung, um charakteristische Sequenzen herauszuarbeiten, vom Kirchenasyl im 16. Jahrhundert bis zu den Debatten über die Freizügigkeit der Gegenwart.

Die erste Migration in die Schweiz: Vom religiösen Asyl bis zur industriellen Revolution

Bereits im 16. und 17. Jahrhundert wurde die Schweiz zum Zufluchtsort für protestantische Flüchtlinge, die durch Verfolgungen wie die Bartholomäusnacht (1572) oder die Aufhebung des Edikts von Nantes (1685) aus Frankreich vertrieben worden waren. Fast 100.000 Hugenotten durchquerten die Schweiz, oft bevor sie nach Deutschland, die Niederlande oder in die Neue Welt weiterzogen. Nur einige Tausend erhielten einen dauerhaften Status, in der Regel qualifizierte Handwerker:innen oder wohlhabende Unternehmer:innen. In Genf, Neuenburg, Bern und Lausanne belebten sie die Uhren-, Banken-, Textil- und Metallindustrie, während Basel, Zürich und Schaffhausen eher als Zwischenstationen dienten.

Das 19. Jahrhundert leitete eine vielfältigere Migration ein. Dank der raschen Industrialisierung wurde die Schweiz sowohl zum Auswanderungsland (über 430.000 Auswanderungen zwischen 1850 und 1914) als auch zum Einwanderungsland, das liberale Exilant:innen aus Europa sowie Arbeiter:innen und Handwerker:innen aus Deutschland und Italien aufnahm. Die Zahl der ausländischen Einwohner:innen stieg innerhalb von 60 Jahren von 3 auf fast 15 Prozent, wobei sich die Zahl der Deutschen zwischen 1888 und 1919 von 112.000 auf 220.000 verdoppelte und die Zahl der Italiener:innen 1910 203.000 erreichte.

Diese qualifizierten Arbeitskräfte trugen zum industriellen Aufschwung des Landes bei, indem sie technische Fähigkeiten, internationale Netzwerke und Kapital bereitstellten, die für die Mechanisierung der Textilindustrie, der Chemie und des Maschinenbaus von entscheidender Bedeutung waren. In Winterthur holten sich die Gebrüder Sulzer ausländische Ingenieure wie Charles Brown, Walter

Boveri, Rudolf Diesel, Carl von Linde und M. M. Jackson ins Boot, während in Zürich Escher-Wyss von diesen Impulsen profitierte. Die protestantischen Gemeinden prägten nachhaltig die Genfer Seidenindustrie, die Berner Metallindustrie und vor allem die jurassische Uhrenindustrie, deren Erbe Jaeger-LeCoultre oder Patek Philippe verkörpern. Diese Vermischung von Know-how und Kapital festigte somit das wirtschaftliche Fundament der modernen Eidgenossenschaft und veranschaulichte gleichzeitig die zunehmende Verflechtung von Handel, Investitionen und Migration in Mitteleuropa.

Vom liberalen Regime des 19. Jahrhunderts zur Hegemonie des Diskurses der «Überfremdung»

Bis zum Beginn des 20. Jahrhunderts verfolgte die Schweiz eine liberale Migrationspolitik, die jedoch durch den Aufstieg des Nationalismus in Europa Ende des 19. Jahrhunderts infrage gestellt wurde. Auf der Suche nach einer Bestätigung seiner Identität betonte das Land die kantonale Autonomie und den Föderalismus, während der Begriff der Nation aus dem öffentlichen Vokabular verschwand und durch den Begriff des Schweizer Volkes und der Eidgenossenschaft ersetzt wurde. Dieser Rückzug auf den kantonalen Rahmen ist Ausdruck eines tiefgreifenden sozialen Umbruchs: Die Industrialisierung führte zur Landflucht, die Mechanisierung der Textilindustrie schwächte die Landwirtschaft und veranlasste Tausende von Schweizer:innen zur Auswanderung nach Übersee. Dieses Vakuum wurde durch die Einwanderung ausländischer, insbesondere deutscher und italienischer Arbeiter:innen ausgeglichen, und so stieg der Ausländeranteil von 5,7 (1870) auf 14,7 Prozent im Jahr 1910.

Dieses Phänomen schürte die Besorgnis der Konservativen, die in der Urbanisierung und der Einwanderung eine Bedrohung für die ländlichen Werte sahen, die die helvetische Identität garantieren sollten. Das Gespenst der «Überfremdung» wurde zu einem Gemeinplatz in der öffentlichen Debatte. Das wirtschaftliche Gewicht von Ausländer:innen, insbesondere von Deutschen, die zahlreiche Unternehmen (6 % der Schweizer Unternehmen im Jahr 1905) und Lehrstühle an Universitäten (14 % der Professoren am Vorabend des Krieges) leiteten, schürte die Angst vor kultureller und wirtschaftlicher Hegemonie.

Dennoch beruhte die offene Zuwanderung auf bilateralen Abkommen wie dem italienisch-schweizerischen Vertrag von 1868, der die freie Wohnsitznahme auf beiden Seiten der Grenze garantierte. Eine Begrenzung der Zuwanderung würde daher den Wohlstand des Landes gefährden und Vergeltungsmassnahmen der Nachbarstaaten auslösen. Daher bestand die vorherrschende Antwort in der Assimilation von Ausländer:innen. Bereits 1898 wurde das Parlament aufgefordert, die Einbürgerung zu erleichtern, während ein Gesetz aus dem Jahr 1903 einen begrenzten Zugang zum *ius soli* vorschlug, das nur in Genf und im Tessin angenommen wurde. Für die Mehrheit der Kantone blieb die Assimilation mit der Verteidigung des republikanischen Modells verbunden.

Dieser republikanische Konsens wurde jedoch von einer konservativ-radikalen Strömung infrage gestellt, die an der republikanisch-identitären Verankerung der Nation festhielt. Nach Ansicht dieser Intellektuellen erforderte die moderne Krise – bedingt durch Urbanisierung, Migration und Tourismus – eine Erneuerung des helvetischen Patriotismus. Nur wenn die Ausländer:innen die kulturellen und moralischen Werte des Landes vollständig übernähmen, sei ihre Eingliederung gewährleistet. An der Schwelle zum 20. Jahrhundert wurde die Schweiz so zu einem Ort, an dem zwei Visionen aufeinanderprallten: die liberal-republikanische Vision eines Bürgerrechts, das durch staatsbürgerliche Integration für alle zugänglich ist, und die konservative Vision einer Zugehörigkeit, die in Blut, Geschichte und Heimat verwurzelt ist.

Der Bruch von 1914: Ausschluss, Kontrolle und Rückgang der Migration zwischen den beiden Kriegen

Nach dem Ersten Weltkrieg wurde die Einbürgerung zu einem Privileg, das Ausländer:innen vorbehalten war, die bereits «assimiliert» waren. Diese Wende spiegelt die Abkehr vom Migrationsliberalismus des 19. Jahrhunderts wider. Von 1913 bis 1920 sank die ausländische Bevölkerung um ein Drittel, während sich die Zahl der Einbürgerungen verdoppelte (von 4.097 auf 8.468). In einem Umfeld, das von den Spannungen, der Russischen Revolution und sozialen Unruhen geprägt war, wuchs die Ablehnung von Ausländer:innen. In patriotischen Kreisen wie der Neuen Helvetischen Gesellschaft wurde sogar der Entzug der Staatsbürgerschaft für Ausländer:innen gefordert, die während des Krieges eingebürgert worden waren.

Angesichts dieses Klimas verschärfte der Bundesrat 1917 die Bedingungen für den Zugang zum Bürgerrecht. Das Zentralbüro für Fremdenpolizei wurde geschaffen, um die Einwanderung zu kontrollieren, während 1921 die Fremdenpolizei mit der Bekämpfung der «Überfremdung» beauftragt wurde. Obwohl die Assimilation ein Ziel blieb, beruhte sie nun auf individuellen und ethnischen Kriterien.

Das Gesetz über den Aufenthalt von Ausländern (ANAG) von 1934 verankerte diesen Paradigmenwechsel. Es wurde im Anschluss an die Abstimmung von 1925 über die Ermächtigung des Bundes zur Gesetzgebung im Bereich der Migration verabschiedet und schränkte die Mobilität und die wirtschaftlichen Rechte von Ausländer:innen ein, während es das Interesse des Landes in Bezug auf Moral und wirtschaftlichen Wohlstand definierte. Dieser Rahmen blieb bis 2008 in Kraft.

Diese Ausländerkontrolle beruhte zunehmend auf Konzepten der «Rassenzugehörigkeit». So wurde in Zürich die für die Einbürgerung von osteuropäischen Jüdinnen und Juden erforderliche Aufenthaltsdauer auf 15 Jahre erhöht. Das Argument der Verteidigung des Schweizer Volkes wurde zentral. Laut Bundesrat Motta war Assimilation nur für Ausländer denkbar, die den schweizerischen Geist angenommen hatten, während Ausgrenzung zu einem Instrument zur Stärkung des nationalen Bandes wurde.

Diese Verhärtung erklärt zum Teil die restriktive Flüchtlingspolitik während des Zweiten Weltkriegs. Für die Regierung in Bern war die Schweiz in erster Linie ein Transitland. Ab 1942 wurde das rassifizierende Kriterium explizit: Jüdische Flüchtlinge werden nicht als vollwertige politische Opfer betrachtet. So wurden von den rund 295.000 Personen, die während des Krieges aufgenommen wurden (einschliesslich internierter Militärs und Kinder), 24.500 Zivilist:innen ins «Dritte Reich» abgeschoben.

Die paradoxe Einwanderung nach 1948: Import von Arbeitskräften ohne Ansiedlung

Nach 1945 blieb die Angst vor einer «Überfremdung» trotz des wirtschaftlichen Bedarfs bestehen. Bereits 1948 wurde in einem neuen bilateralen Abkommen mit Italien das Saisonnierstatut eingeführt, das eher als Instrument der Kontrolle denn der Integration gedacht war. Dieses Modell wurde später auf Spanien und Jugoslawien ausgeweitet, während die Schaffung des Rentensystems (1948) neue Regeln für den Zugang zum Sozialschutz erforderte. Die Zuwanderung wurde so zu einer Anpassungsvariablen: In Zeiten hoher Beschäftigung wurde sie geöffnet, in Krisenzeiten wurde sie eingeschränkt.

Dennoch beruhte das Rotationsmodell auf Annahmen, die in der Realität sich als kaum anwendbar erwiesen. Zwischen 1950 und 1960 stieg die ausländische Bevölkerung von 271.000 auf 476.000 Personen, mehrheitlich Italiener:innen, während die Saisonarbeitskräfte an Bedeutung gewannen. Ab den 1960er-Jahren versuchte Bern, der Angst vor einer «Überbevölkerung» mit einer Begrenzung der Zahl der Bewilligungen («Kontingentierung») zu begegnen. Dieses Klima begünstigte den Aufschwung der ersten fremdenfeindlichen Gruppierungen, deren Initiativen darauf abzielten, den Aufenthalt von Ausländer:innen zu beschränken. Dies führte 1961 zu Spannungen mit der italienischen Regierung, die die Lebensbedingungen der italienischen Einwanderer und Einwanderinnen durch ein zweites Abkommen verbessern wollte, das 1964 zustande kam.

Die sozialen Spannungen, die durch den für die damalige Zeit grossen Zustrom ausländischer Arbeitskräfte ausgelöst wurden, bildeten den Nährboden für die Entstehung der sogenannten «Überfremdungsparteien» ab den 1960er-Jahren. Diese Gruppen mobilisierten den Hebel der Volksinitiative, um zu versuchen, die Aufenthaltsdauer von Ausländer:innen zu begrenzen. Obwohl die fremdenfeindlichen Vorschläge selten vom Volk angenommen wurden, verstärkte die teilweise starke Unterstützung der Bevölkerung die Vetomacht dieser Strömung gegenüber jeglicher Liberalisierung des Ausländerrechts. Die Regierung versuchte daraufhin, durch eine strikte Migrationspolitik zu demonstrieren, dass sie die von der Bevölkerung geäusserten Bedenken ernst nahm.

Die restriktive Migrationspolitik verstärkte sich nach der Ölkrise 1973/74: Arbeitslosen Ausländer:innen wurde die Aufenthaltsberechtigung nicht erneuert, und sie mussten das Land verlassen, oftmals ohne Ansprüche auf eine Arbeitslosenversicherung. Von 18 Prozent im Jahr 1973 fiel der Anteil der Ausländer:innen innerhalb kurzer Zeit auf 16 Prozent.

Während der 1980er-Jahre nahm die Schweiz trotz der Kontingentierung weiterhin gering qualifizierte Arbeitskräfte auf, die nun häufig aus Portugal und Jugoslawien kamen, während Menschen aus Italien an Präsenz einbüssten. Dieses starre Modell der Kontingentierung beruhte auf einer ständigen Spannung zwischen quantitativen Beschränkungen und spezifischen wirtschaftlichen Bedürfnissen.

Die 1990er-Jahre brachten dieses Gleichgewicht durcheinander. Zum ersten Mal seit dem Zweiten Weltkrieg erlebte die Schweiz eine lang anhaltende wirtschaftliche Stagnation. Das Gewicht der niedergelassenen Ausländer:innen und neue Formen der Migration (Flüchtlinge aus dem kriegsgebeutelten Jugoslawien, weitere Asylsuchende) verringerten die Wirkung des «Konjunkturpuffer»-Mechanismus. Ein weiterer Faktor war, dass die Auswanderungsländer bessere Aufenthaltsbedingungen für ihre Bürger:innen durchsetzten, vor allem einen vereinfachten Zugang zur Niederlassungsbewilligung. Der Anteil der Niederlassungsbewilligungen erhöhte sich innerhalb von 20 Jahren von 30 (1970) auf 75 Prozent (1990).

Gleichzeitig wurde die Migrationsdebatte stärker politisiert: Insbesondere die hohe Ausländerarbeitslosigkeit, der Anstieg der Sozialausgaben und Fragen der Ausländerkriminalität wurden zusehends thematisiert. Auch die wachsende geografische und «kulturelle» Distanz zwischen der Schweiz und den Herkunftsländern neuerer Einwanderungswellen sorgten für Irritationspotenzial. Die dadurch gesetzten Akzente prägen bis heute die migrationspolitische Debatte und die öffentliche Wahrnehmung der Migration in der Schweiz.

Um auf diese Veränderungen zu reagieren, reformierte Bern das Ausländergesetz grundlegend. Das Modell der «drei Kreise» (1991) und später der «zwei Kreise» (1996) stellt die Zulassung nach der «kulturellen Nähe» zum Herkunftsland hierarchisch dar. Diese Wahl beruhte auf der Annahme, dass sich Europäer:innen leichter integrieren liessen. Das spätere Ausländergesetz von 2008 beschränkte den Zugang von Arbeitnehmer:innen aus Nicht-EU-Ländern auf spezialisierte Qualifikationen.

Der wichtigste Wendepunkt bleibt das Abkommen über die Freizügigkeit von Personen (FZA) mit der Europäischen Union (2002), das der Logik der Quoten und des nationalen Privilegs zumindest für die Angehörigen der EU ein Ende setzte. Diese Regelung beruhte auf der Überzeugung, dass die Öffnung für EU-Arbeitnehmer:innen sowie die Anerkennung der Verbindung zwischen Integration, Mobilität und Qualifikation wesentliche Hebel sein würden, um der Globalisierung der Arbeit zu begegnen.

Obwohl das Abkommen über die Personenfreizügigkeit zweimal vom Schweizer Volk bestätigt wurde, erlitt es im Februar 2014 einen unerwarteten Rückschlag: 50,3 Prozent der Wähler:innen nahmen die SVP-Volksinitiative «gegen Masseneinwanderung» an. Diese stellt das Grundprinzip des FZA infrage und wirft dem Abkommen vor, einen unfairen Wettbewerb zwischen Schweizer Arbeitnehmer:innen und EU-Bürger:innen herbeizuführen. Sie forderte eine Rückkehr zu einer nationalen Steuerung der Zuwanderung durch jährliche Obergrenzen und ein Vorrecht für einheimische Arbeitnehmer:innen.

Aus Gründen der Kohärenz mit dem Abstimmungsresultat weigerte sich der Bundesrat, das Protokoll zur Ausdehnung der Freizügigkeit auf das letzte Land, das der EU beitrat, Kroatien, zu unterzeichnen. Diese Entscheidung provozierte eine prompte europäische Reaktion, die die Forschungszusammenarbeit bremste (Blockierung des wissenschaftlichen Forschungsprogramms Horizont 2020 und des Studentenaustauschprogramms Erasmus). Sowohl die Freizügigkeit als auch die Forschung sind Teil der sieben sektoralen Abkommen, die durch die «Guillotine-Klausel» verbunden waren und 1999 in den bilateralen Abkommen abgeschlossen worden waren.

Angesichts zweier widersprüchlicher Volksentscheide – Begrenzung der Zuwanderung bei gleichzeitiger Aufrechterhaltung der bilateralen Abkommen – entschied sich das Parlament 2016 für eine Zwischenlösung: das «Prinzip der nationalen Priorität light». Es verpflichtet die Arbeitgeber, die regionalen Arbeitsvermittlungszentren über offene Stellen in Berufen zu informieren, deren Arbeitslosenquote über einem vom Bundesrat festgelegten Schwellenwert liegt (8 % im Jahr 2018, 5 % im Jahr 2020). Diese Regelung lässt der Exekutive den nötigen Anpassungsspielraum und wahrt gleichzeitig die europäischen Verpflichtungen. Im Gegenzug ratifizierte die Schweiz die Ausweitung des FZA auf Kroatien und erhielt wieder Zugang zu europäischen Forschungsprogrammen.

Die unzufriedene Schweizerische Volkspartei, die die Initiative von 2014 ins Leben gerufen hatte, lancierte 2018 eine neue Initiative, die einen endgültigen Bruch mit der Freizügigkeit zum Ziel hatte («Begrenzungsinitiative»). Diese wurde im September 2020 von 61,7 Prozent der Wähler:innen massiv abgelehnt.

Schlussfolgerungen

Im Laufe ihrer Geschichte hat die Schweiz das wirtschaftliche Interesse in den Mittelpunkt ihrer migrationspolitischen Entscheidungen gestellt, vom Liberalismus des

19. Jahrhunderts bis zur Saisonarbeiterpolitik nach 1945. Dieses technokratische Modell besteht fort, obwohl die Personenfreizügigkeit in Europa (EU/EFTA) es grundlegend verändert hat. Heute profitiert die Schweiz vom Zugang zu einem Pool von 500 Millionen Menschen, was eine Rückkehr zu einer qualifizierten Einwanderung begünstigt, die mit der im letzten Drittel des 19. Jahrhunderts vergleichbar ist, als die Schweiz bereits hoch qualifizierte Arbeitskräfte anzog.

Die neokorporatistische Phase der Nachkriegszeit erscheint somit als ein auf das 20. Jahrhundert beschränktes Phänomen, bei dem der Schutz des Arbeitsmarktes darauf abzielte, die einheimischen Arbeitskräfte von der Konkurrenz der Migrant:innen zu schützen. Der neue gesetzliche Rahmen, der mit dem Gesetz von 2008 (AUG, ab 2019 Bundesgesetz über Ausländer und Integration, AIG) festgelegt wurde, beruht stärker auf der Unterscheidung zwischen erwünschter (qualifizierte Arbeitskräfte) und unerwünschter Zuwanderung und beinhaltet gleichzeitig spezifische Integrationsmassnahmen. Der Begriff «ausländische Überbevölkerung» ist nicht mehr im Gesetzestext zu finden. Dieser neue Rahmen bleibt allerdings gesellschaftlich nicht unumstritten.

Doch abgesehen von den rechtlichen Veränderungen ist die Geschichte der Migration in die Schweiz stets von wiederkehrenden sozialen Spannungen geprägt: Von den antiitalienischen Ausschreitungen Ende des 19. Jahrhunderts bis zur antisemitischen Diskriminierung in den 1920er-Jahren, von den fremdenfeindlichen Bewegungen der 1960er-Jahre über das Misstrauen gegenüber Asylbewerber:innen in den 1980er- und 1990er-Jahren bis hin zu den verbalen Angriffen auf Zuwandernde aus Deutschland und Portugal in der Boulevardpresse der 2000er-Jahre zieht sich der Rassismus wie ein roter Faden durch die Migrationsgeschichte der Schweiz. Doch auch in diesem

Bereich ist die Schweiz kein «Sonderfall». Diese Phänomene sind zwar zum Teil auf wirtschaftliche und soziale Veränderungen zurückzuführen, haben ihren Ursprung aber auch aufseiten des politischen Angebots und des Medienspiels, wo das Thema Migration zu einem Hebel der Mobilisierung wird und bestehende Ängste schürt oder nährt.

Aber es wäre zu einseitig, Erklärungen für diese historische Konstante lediglich in der Nachfrageseite zu suchen, also im ökonomischen Strukturwandel und den sozialen Spannungen, die die Zuwanderung (und die Globalisierung allgemein) mit sich bringt. Die dadurch bedingten Krisen gibt es und sie können ihren Niederschlag mitunter in xenophoben Bewegungen finden, die angesichts der Erosion ehemals strukturierender Milieus neue soziale Verortungen anbieten. Aber die Angebotsseite darf nicht vernachlässigt werden – die politischen Akteure und Medien, die «Überfremdung» als Thema bewirtschaften. Sie artikulieren und kanalisieren nicht nur vorhandene Ängste, sondern sie verstärken auch Ressentiments.

Warum das Migrationsland Schweiz eine (neue) Erzählung braucht

Mit der Volksinitiative gegen die «10-Millionen-Schweiz» warnt die Schweizerische Volkspartei (SVP) davor, dass die Schweiz durch unkontrollierte Zuwanderung ihre Identität, ihren Wohlstand und ihre soziale Stabilität verliere. Das zugrunde liegende Narrativ ist nicht neu: Seit Jahrzehnten zeichnen Rechtsaussen-Parteien ein düsteres Bild einer Schweiz, die durch Migration bedroht wird – von den Überfremdungsinitiativen der 1970er-Jahre über die «Masseneinwanderungsinitiative» bis hin zur heutigen Debatte.

Dieses Narrativ ist deshalb so wirkungsmächtig, weil es sich flexibel an wechselnde politische Konjunkturen anpasst – mal wirtschaftlich, mal kulturell, mal sicherheitspolitisch gerahmt, zunehmend auch im Gewand der Nachhaltigkeit. Letztlich ist es nicht nur eine Erzählung über Migration, sondern eine über Angst, Kontrolle und die Verteidigung eines vermeintlich homogenen «Wir». Migration wird so zum politischen Prisma, durch das gesellschaftliche Veränderungen verständlich, daraus resultierende Unsicherheiten gebündelt und auf einen externen Faktor projiziert werden können.

Die politische Debatte über Migration verläuft dabei meist entlang dieser etablierten Deutungsmuster. Dem dystopischen Bild der Rechten wird oft lediglich ein pragmatisches Gegenargument entgegengesetzt: Migration sei zwar problematisch, aber angesichts des Fachkräftemangels ein notwendiges Übel. Eine positive, zukunftsgewandte und identitätsstiftende Erzählung bleibt hingegen die Ausnahme. Doch das muss nicht so bleiben. Narrative sind weder naturgegeben noch unveränderlich – sie können sich wandeln, herausgefordert und neu geschrieben werden. Genau hier liegt die Chance: Statt Migration immer nur zu rechtfertigen, gilt es, sie erzählend zu gestalten, bevor diese politisch gestaltet werden kann.

Dieser Beitrag nimmt die aktuelle Debatte zum Anlass, um über die Schweiz als Migrationsland nachzudenken – nicht im Sinne eines Schreckensszenarios, sondern als positive Erzählung, die der gelebten Realität Rechnung trägt und zugleich Gestaltungsspielräume und Entwicklungspotenziale sichtbar macht. Eine progressive Erzählung zielt darauf ab, Migration als Teil des schweizerischen Selbstverständnisses zu verankern – nicht als Ausnahme, sondern als prägendes Element. Eine Erzählung, die gesellschaftliche Realitäten widerspiegelt, das Gemeinsame betont und die aktive Gestaltung dieser Entwicklung ins Zentrum stellt, ist die wirksamste Antwort auf Abschottung, Angstpolitik und das alte Narrativ der Überfremdung.

Das Migrationsland braucht eine (neue) Erzählung

Wozu braucht es eine Erzählung über Migration? In einer politischen Kultur, die gern pragmatisch daherkommt und grosse Gesellschaftsentwürfe misstrauisch beäugt, scheint diese Frage berechtigt. Vielleicht gerade deshalb fehlt der Schweiz bis heute eine kohärente Erzählung als Migrationsland.

Doch wer glaubt, ganz ohne Narrative auszukommen, täuscht sich. Auch der Pragmatismus folgt einem Deutungsrahmen – nur wird dieser selten als solcher erkannt. In Wirklichkeit dominiert längst ein starkes Narrativ: jenes von Migration als Bedrohung – für Identität, Ordnung, Wohlstand. Es durchdringt politische Rhetorik, Verwaltungspraxis und mediale Darstellung. Gerade weil es nicht als Narrativ erkannt, sondern als Selbstverständlichkeit hingenommen wird, wirkt es umso nachhaltiger – als konstante Hintergrundfolie gesellschaftlicher Wahrnehmung.

Das Problem ist also nicht das Fehlen von Narrativen, sondern ihre Einseitigkeit. Solange keine alternative Erzählung formuliert wird, bleibt das Bedrohungsnarrativ hegemonial. Warum es deshalb für die Realisierung progressiver Politik eine neue Erzählung braucht, die Migration als Teil des schweizerischen Selbstverständnisses sichtbar macht, möchte ich im Folgenden darlegen.

Narrative schaffen Wirklichkeit

Der erste Grund mag banal erscheinen: Die Schweiz ist nun einmal ein Migrationsland – unabhängig davon, ob diese gesellschaftliche Realität Unbehagen oder Zuversicht hervorruft. Die Migration ist keine neue Entwicklung, sondern ein konstantes Element der gesellschaftlichen Entwicklung. Sie prägt Biografien, Beziehungen, das öffentliche Leben und unseren Alltag. Entsprechend kann man die Schweiz sinnvollerweise auch gar nicht ohne Migration denken. Die Migration hat die Schweiz zu dem gemacht, was sie ist. Es ist keine Übertreibung zu sagen, dass die moderne Schweiz massgeblich durch zugewanderte Hände und Köpfe aufgebaut und gestaltet wurde.

Die Zahlen sprechen eine deutliche Sprache: Der Ausländeranteil liegt bei 27,4 Prozent, rund 40 Prozent der Bevölkerung haben einen Migrationshintergrund, jede dritte Arbeitsstunde wird von ausländischen Arbeitskräften geleistet, und rund 40 Prozent der Eheschliessungen sind binational. Hinter diesen Zahlen verbirgt sich eine gesellschaftliche Vielfalt an Lebensentwürfen, Liebesgeschichten und Familienrealitäten, beruflichen Ambitionen und kultureller Entfaltung, die durch Migration ermöglicht wurden.

Migration ist ein integraler Bestandteil der Schweiz – unabhängig davon, ob man sie als Bedrohung oder als Chance wahrnimmt. Das Schweizer Wirtschaftsmodell als wissensbasierte Exportwirtschaft fusst wesentlich auf dem Zugang zu ausländischen Fachkräften. Ebenso beruht das Sozialmodell angesichts der demografischen Alterung und der niedrigen Geburtenrate auf kontinuierlicher Zuwanderung. Während Migration oft mit unerwünschter Veränderung verknüpft wird, ist sie in Wirklichkeit eine notwendige Bedingung für wirtschaftliche wie gesellschaftliche Stabilität.

Umso erstaunlicher – und problematischer – ist es, dass diese Realität kaum Eingang in das nationale Selbstverständnis gefunden hat. Migration ist in der Schweiz strukturell, dauerhaft und vielfältig – doch das dominante Narrativ blendet diese Tatsachen aus und stellt Migration weiterhin als eine problematische Abweichung der gesellschaftlichen Norm dar. So entsteht die irrige Vorstellung, Migration sei ein externer Störfaktor, den man begrenzen müsse, um die «Schweiz zu bewahren».

Dabei ist es genau umgekehrt: Nur eine Erzählung, die die Realität anerkennt und Migration als Teil des Schweizer Wesens begreift, kann verhindern, dass politische Entscheidungen an einer historischen und gesellschaftlichen Fiktion orientiert werden. Sie ist Voraussetzung dafür, dass Realität und kollektive Vorstellung wieder zueinander finden.

Narrative bieten Orientierung

Der zweite Grund für ein neues Migrationsnarrativ ist erkenntnistheoretischer Natur: Erzählungen sind grundlegende Instrumente menschlicher Orientierung. In einer Gesellschaft, die sich in wirtschaftlicher, kultureller und demografischer Hinsicht stetig verändert, bieten Narrative jene Deutungsrahmen, die helfen, komplexe Entwicklungen einzuordnen. Sie schaffen Zusammenhang, wo Zahlen nur Bruchstücke liefern. Wir denken nicht in Fakten oder Statistiken – wir denken in Geschichten.

Genau deshalb ist es folgenreich, dass das dominante Narrativ über Migration bis heute weitgehend problemorientiert ist: Migration wird meist als Störung der natürlichen Ordnung erzählt – als vorübergehender Ausnahmezustand, als Ursache gesellschaftlicher Missstände – und generell als ein Problem, das gelöst werden sollte. Dieses Narrativ ist nicht neutral, sondern erzeugt eine bestimmte Wahrnehmung von Wirklichkeit – oft in scharfem Widerspruch zur empirischen Realität.

So zeigen wissenschaftliche Studien,[1] dass Migration von der Öffentlichkeit systematisch falsch eingeschätzt wird: Der Ausländeranteil wird überschätzt, die kulturelle Distanz überzeichnet, der wirtschaftliche Nutzen unterschätzt. Diese negativen Verzerrungen sind keine statistischen Zufälle, sondern die Folge einer einseitigen Erzählung, die über Jahre hinweg politisch, medial und institutionell verstärkt wurde.

1 P. Lutz/M. Bitschnau: Misperceptions about Immigration: Reviewing Their Nature, Motivations and Determinants, in: British Journal of Political Science 2/2023, S. 674–689.

Menschen neigen dazu, bestehende Überzeugungen zu bestätigen. Wer glaubt, Migration führe zu «Dichtestress», wird überfüllte Züge oder steigende Mieten als Beweis sehen – auch wenn die Ursachen ganz woanders liegen. Fehlwahrnehmungen wie «Migranten nehmen uns die Jobs weg» oder «Die meisten Asylsuchenden haben keine echten Fluchtgründe» sind emotional plausibel, weil sie ins dominante Narrativ passen – nicht, weil sie empirisch korrekt sind.

Wer also glaubt, man könne migrationspolitische Debatten durch Fakten «versachlichen», verkennt die eigentliche Dynamik: Nicht Fakten bestimmen das Narrativ – sondern das Narrativ bestimmt, wie Fakten wahrgenommen werden. Deshalb sind Erzählungen kein Ersatz für Fakten – sondern eine Voraussetzung dafür, dass diese überhaupt verständlich und anschlussfähig werden. Wer als progressive Kraft überzeugen will, muss eine eigene, positive und glaubwürdige Geschichte erzählen – statt allein mit Faktenchecks einer Sündenbockpolitik hinterherzurennen.

Narrative machen Politik

Narrative formen die politischen Wirklichkeiten, in denen Entscheidungen getroffen werden. Wenn Migration als Problem und Bedrohung erzählt wird, entsteht ein Politikmodus der Abwehr: Grenzregime, Ausschaffungszahlen, symbolische Härte. Wird Migration hingegen als Teil der eigenen gesellschaftlichen Normalität begriffen, entsteht Raum für Gestaltung in Richtung Teilhabe und Zugehörigkeit.

Der politische Umgang mit Migration sagt oft mehr über die Selbstbilder und Ängste einer Gesellschaft aus als über die Migration selbst. Migration dient als Projektionsfläche für gesellschaftliche Verunsicherungen und Spannungen. Rechtspopulistische Kräfte nutzen das gezielt: Sie emotionalisieren, koppeln Migration an Identitätsverlust und inszenieren sich als Verteidiger eines bedrohten «Wir». So verschiebt sich die normative Mitte nach rechts – und die Politik gleich mit.

Narrative entfalten ihre Wirkung durch den öffentlich-medialen Diskurs. Ein eindrucksvolles Beispiel dafür liefert eine aktuelle Studie zur Schweizer Personenfreizügigkeit:[2] Die Analyse zeigt, dass Einwanderung im Rahmen dieser Regelung zwar zu einem Stimmenzuwachs für die SVP geführt hat – jedoch ohne nachweisbare reale wirtschaftliche oder soziale Verschlechterungen gebracht zu haben. Weder objektiv messbare Indikatoren (wie Arbeitslosigkeit, Löhne oder Verkehrsdichte) noch subjektive Wahrnehmungen (wie persönliche Lebenszufriedenheit, Sorge vor Arbeitslosigkeit oder steigenden Wohnkosten) wurden negativ beeinflusst. Der politische Effekt entstand vielmehr durch das Narrativ vom «Dichtestress», das gezielt Ängste und Ressentiments mobilisierte. Diese Erzählung griff reale gesellschaftliche Spannungsfelder – etwa Wohnungsknappheit oder überlastete Infrastruktur – auf und interpretierte diese als Folge von Einwanderung. Auf diese Weise prägte das Narrativ das politische Verhalten entscheidend mit – nicht durch die realen Effekte der Zuwanderung, sondern durch ihre politische Deutung.

Eine gemeinsame Zukunft erzählen

Beim Thema Migration treibt die Rechte die Politik seit Jahren vor sich her. Migration wird reflexartig als Problem betrachtet. In diesem Kontext reagieren bürgerlich-liberale bis links-grüne Parteien oft mit eigener Härte in der

2 A. Alrababah/A. Beerli/D. Hangartner/D. Ward: The free movement of people and the success of far-right parties: Evidence from Switzerland's border liberalization, in: American Political Science Review 2024, S. 1–20.

Rhetorik – und reproduzieren dabei nicht selten jenes Narrativ, das Migration zum Problem erklärt. Der Erfolg von Migrationspolitik wird dann daran gemessen, wie stark sich die Zahl der Asylgesuche reduzieren lässt oder wie viele Ausschaffungen durchgeführt werden. Selbst progressive Kräfte bleiben im Deutungsrahmen der Rechten gefangen, wenn sie es versäumen, eine eigene, positive Erzählung zu entwickeln.

Dieser blinde Fleck hat tiefgreifende Folgen. Progressive Reformen werden blockiert, weil jede Ausweitung von Rechten und Freiheiten als Kontrollverlust interpretiert wird, statt als gemeinsamer Gewinn an Teilhabe, Freiheit und Lebensqualität. Solange das so bleibt, verschiebt sich der Rahmen des politisch Möglichen nicht. Dann geht es weiter um Höchstwerte und Dichtestress – statt um die Frage, wie wir in dieser Gesellschaft miteinander leben wollen und wie Chancen möglichst allen zugänglich gemacht werden können.

Die Folgen sind messbar. Die Schweiz war beim Frauenstimmrecht das Schlusslicht in Europa – und weist heute infolge ihrer restriktiven Einbürgerungspraxis erneut eines der markantesten Demokratiedefizite des Kontinents auf. Über 27 Prozent der Bevölkerung leben dauerhaft hier, zahlen Steuern, ziehen Kinder gross – und bleiben politisch stimmlos. Kein anderes europäisches Land schliesst einen so grossen Teil seiner Bevölkerung so systematisch von der Mitbestimmung aus.

Dieses Demokratiedefizit ist kein Zufall – es ist Ausdruck eines exklusiven Selbstbildes, das Migration aus der nationalen Erzählung ausblendet. Denn das Verschweigen der eigenen migrantischen Prägung ist zentraler Bestandteil eines national-reaktionären Mythos. Er erzählt gegen die Wirklichkeit – gegen die Geschichte der Schweiz als offene und vielfältige Gesellschaft, die ihre Stärke aus der Integrationskraft ihrer demokratischen Institutionen schöpft. Doch genau in diesem Widerspruch liegt die Chance progressiver Politik: Sie muss sich nicht verstecken. Denn Identität wächst nicht durch Abgrenzung, sondern durch Zusammenhalt. Kontrolle entsteht nicht durch Abwehr, sondern durch politische Gestaltung. Und Lebensqualität lässt sich nicht durch Abschottung sichern – sondern durch Teilhabe an einem offenen Gemeinwesen, das Migration nicht nur verwaltet und aushält, sondern als Teil seiner Geschichte und Identität versteht.

Dieses politische Umdenken beginnt mit einem anderen Erzählen. Ein progressives Narrativ zur Migration muss mehr bieten als Widerspruch. Es muss die Debatte neu rahmen: Weg von der Frage, wie viel Migration «erträglich» ist – hin zur Frage, wie gesellschaftliches Zusammenleben in Vielfalt gestaltet werden kann. Statt sich im Zahlenstreit zu verlieren, sollte es um Rechte und Teilhabe gehen.

Ein überzeugendes Narrativ braucht zudem mehr als Fakten – es braucht eine eindeutige Haltung. Die Forschung zeigt klar: Kommunikation über Migration ist dann wirksam, wenn sie auf Werten basiert. Wer Migration verständlich machen und Ängste abbauen möchte, muss an grundlegende Überzeugungen appellieren – an Gerechtigkeit, Freiheit, Verantwortung. Und wer den gesellschaftlichen Zusammenhalt fördern will, tut dies durch Kontakt, Austausch und Teilhabe. Eine inklusive Migrationspolitik, die Rechte und Freiheiten stärkt, ist daher nicht nur moralisch geboten – sie ist auch strategisch klüger. Denn sie wirkt langfristig integrativ – im Gegensatz zum Versuch, mit symbolischen Verschärfungen Ressentiments zu adressieren. Wie sich Einwanderung auf die Schweizer Gesellschaft auswirkt, hängt entscheidend davon ab, wie wir als Gesellschaft mit Einwanderung umgehen. Progressive Kräfte sollten dabei integrierend wirken – das Gegengewicht zur Spaltung, die von rechts betrieben wird, und als Angebot für eine Gesellschaft, die Zukunft gemeinsam denkt.

Ein solches Narrativ macht gleichzeitig auch deutlich: Nicht alles ist ein Migrationsproblem. Viele gesellschaftliche Spannungen und politische Herausforderungen – auf dem Wohnungsmarkt, im Gesundheitswesen, in der Sozialpolitik – erfordern strukturpolitische Antworten, keine Schuldzuweisungen an die Migrationsbevölkerung. Und anstatt Ängste zu schüren und zu instrumentalisieren, gilt es diesen zu begegnen, indem man Migration nicht als das vermeintlich bedrohliche Fremde akzeptiert, sondern als Teil von uns, als Vorfahren, welche die moderne Schweiz möglich gemacht haben – und als Neu-Schweizer:innen, die ihre Zukunft mitgestalten. Dafür braucht es Anerkennung dieser gesellschaftlichen Realität und Mitsprache. Zu oft wird über Migrant:innen gesprochen statt mit ihnen. Teilhabe muss auch politische Repräsentation bedeuten. Nur wenn jene sichtbar und hörbar werden, die unsere Gesellschaft täglich mitprägen, wird das Bild der Schweiz vielfältiger und demokratischer.

Eine neue Erzählung über Migration ist keine rhetorische Spielerei – sie ist eine demokratische Notwendigkeit. Ein progressives Migrationsnarrativ erzählt die Schweiz nicht als von Fremden bedrohtes Paradies, sondern als lernfähige, offene Demokratie, die durch Vielfalt gewachsen ist – und weiterwächst. Migration ist darin kein Ausnahmezustand, sondern Teil des gesellschaftlichen Normalbetriebs – wie Arbeit, Bildung oder Familie. Es ersetzt Angst vor Überfremdung und Veränderung durch Gestaltungskraft und Zusammenhalt. Es beruht nicht auf vermeintlicher kultureller Homogenität, sondern auf demokratischer Teilhabe. Migration wird darin nicht idealisiert – aber entdramatisiert. Sie ist weder Heilsversprechen noch Bedrohung, sondern Realität – eine, die am besten gelingt, wenn wir sie gemeinsam gestalten.

Ganz im Sinne von Max Frisch, der einst schrieb: «Die Schweiz begreift sich als etwas Grossartig-Gewordenes, nicht als etwas Werdendes.» Es braucht eine Erzählung, die die Schweiz nicht als bedrohte Perfektion begreift, sondern als Gemeinwesen, das kontinuierlich gepflegt und gestaltet werden muss – damit es Heimat sein kann für alle, die hier leben.

Volker M. Heins 51

Warum die Schweiz kein «Boot» ist und darum auch nicht zu «voll» werden kann

Am 30. August 1942, während der Holocaust voll im Gang war, hielt der Schweizer Bundesrat und Justizminister Eduard von Steiger eine Rede, in der er die Schweiz mit einem überfüllten «kleinen Rettungsboot» verglich. Gern würde man mehr Jüd:innen aus Deutschland aufnehmen, sagte er, aber leider müsse man sie vor falschen Hoffnungen warnen und abweisen. Die Rede vor dem gut gelaunten Publikum eines christlichen Blasmusikfests gipfelte in dem berüchtigten Satz «Das Boot ist voll».[1]

Der Satz hat sich über die Schweiz hinaus ins kollektive Gedächtnis eingegraben und ist so oder so ähnlich bis heute immer wieder zu hören. Das sozialdarwinistische Bild vom Boot, das zu voll wird und zu sinken droht, liegt vielen rechten Diskursen zugrunde, die eine «Begrenzung» der Zuwanderung fordern. Die Metapher ist jedoch irreführend, und ich möchte im Folgenden erläutern, warum das so ist.

1 Vgl. hierzu den Podcast «Das Boot ist voll», in: Schweizer Fernsehen (SRF), 29. August 2017; https://www.srf.ch/audio/100-sekunden-wissen/das-boot-ist-voll?id=570316fb-742e-4dab-a544-80396afc84c2.

Wenn sie dir sagen: «Das Boot ist voll», antworte nicht: «Nein, es ist noch Platz.» Antworte: «Es gibt kein Boot.»

Boot und Boden

Hitler hat Deutschland nie mit einem zu kleinen Boot verglichen, aber auch er war besessen von der Idee, dass es zu eng wird innerhalb von Deutschlands Grenzen. Die «Enge des Lebensraums» ist ein zentrales Motiv in seinem Bestseller «Mein Kampf».[2] Auch die Bootsmetapher spielt auf den «Lebensraum» an, aber es gibt einen wichtigen Unterschied. Ein Boot, das fertig gebaut ist, kann man nicht vergrössern, wohl aber einen Lebensraum. Man muss dazu benachbarte Territorien erobern, entvölkern und neu besiedeln. Für die Eliten in Nazi-Deutschland war das Thema nicht Migrationsabwehr, sondern Völkermord. Ziel war es, durch die Erweiterung des «Bodens» und der «Grundfläche»[3] des eigenen Staates die Notwendigkeit von Auswanderung für Angehörige des eigenen «Volkes» zu beseitigen. Der deutsche Herrenmensch sollte nach dem siegreichen Vernichtungskrieg immer weiter nach Osten wandern können, ohne jemals das Reich zu verlassen.

Migrationsabwehr wurde erst nach dem verlorenen Krieg in der Bundesrepublik Deutschland eine Aufgabe. Der Slogan «Das Boot ist voll!» tauchte Anfang der 1990er-Jahre am rechten Rand des Parteienspektrums auf und wurde wohl auch einmal von Teilen der Berliner CDU auf Flugblättern verwendet. Öffentlich wurde der Satz im Herbst 2015 und danach in den hitzigen Debatten über die Folgen der Fluchtbewegung nach Europa und Deutschland geäussert, vor allem von der AfD – der seit Februar 2025 zweitstärksten Partei Deutschlands. Fest steht, dass heute

2 A. Hitler: Mein Kampf, zit. nach: K. Lange: «Der Terminus ‹Lebensraum› in Hitlers ‹Mein Kampf›», in: Vierteljahrshefte für Zeitgeschichte 13, 1965, S. 426–437, hier: 427.

3 Zit. nach: ebd., S. 426f.

die vorgestellte Enge des Raums nicht nur viele Schweizer:innen, sondern auch viele Deutsche bedrückt. Da die «Vergrösserung des Lebensraumes»[4] keine Option mehr ist, gewinnen drastische Massnahmen zur Begrenzung von Zuwanderung sowie Massenabschiebungen an Bedeutung. Damit kehrt auch die Bootsmetapher zurück.

Die neue europäische Rechte unterscheidet sich von ihren historischen Vorläufern dadurch, dass sie nicht länger durch koloniale Vernichtungskriege neuen Lebensraum für eine wachsende Bevölkerung erobern will. Vielmehr tritt an die Stelle der alten faschistischen Angst vor einem «Volk ohne Raum» die Vision der gewaltsamen Schrumpfung der Bevölkerung auf ein ethnisch gesäubertes Kernvolk. «Sommer, Sonne, Remigration», konnte man vor einiger Zeit auf AfD-Wahlplakaten lesen, auf denen sinnigerweise ein startendes Passagierflugzeug zu sehen war. 20 bis 30 Prozent weniger Menschen im Land wünschte sich im Dezember 2023 der rechtsradikale AfD-Politiker Björn Höcke.[5]

Grenze und Obergrenze

Grossmächte wie die USA oder Russland möchten bis heute den *Verlauf* ihrer Staatsgrenzen verändern und schaffen dadurch Grenzkonflikte mit anderen Ländern. Ebenfalls verbreitet sind mehr oder weniger friedliche separatistische Bewegungen, die neue Staaten oder neue Selbstverwaltungseinheiten durch *Abspaltung* schaffen wollen. Man denke an die Unabhängigkeitsbewegungen in Schottland oder Katalonien oder auch an die Gründung des Kantons Jura im Jahr 1979. Eine dritte Gattung von Grenzkonflikten dreht sich um die *Durchlässigkeit* von

4 Zit. nach: ebd., S. 427.
5 Vgl. M. Görmann: «Ausländer raus: AfD-Höcke will ‹20 bis 30 Prozent› weniger Einwohner in Deutschland», in: DerWesten.de, 13. Oktober 2024; https://www.derwesten.de/politik/afd-hoecke-remigration-deportation-auslaender-raus-e-deutschland-id300814756.html.

Staatsgrenzen für Migration und andere Formen des Personen- oder Güterverkehrs.

Weder der Verlauf noch die blosse Existenz oder die Durchlässigkeit von Grenzen ist naturgegeben. All das ist Menschenwerk. Auch wenn manchmal Flüsse oder Gebirge als Markierungen von Staatsgrenzen dienen, sind Grenzen nicht bloss physische Hindernisse. Vielmehr sind sie, wie Soziologen sagen, sinnhafte Institutionen, die bestimmten nachvollziehbaren Regeln gehorchen. Diese Regeln unterscheiden und sortieren Personen danach, ob, zu welchem Zweck und für wie lange sie eine Grenze überschreiten dürfen. Grenzen existieren nicht ohne ein solches Set von Regeln, die die Bedingungen ihrer Überschreitung festlegen. Mauern und Stacheldraht, Drohnen und Auffanglager sind Mittel, diesen Regeln Nachdruck zu verleihen.

Es gibt folglich keine natürlichen Grenzen. Aber mit der Vorstellung, dass der Boden eines Landes nur eine bestimmte Anzahl von Menschen trägt – so wie ein Boot nur eine bestimmte Zahl von Passagieren transportieren kann –, kehrt die falsche Idee natürlicher Grenzen in der Form des Glaubens an eine natürliche *Obergrenze* wieder. Dafür ist die «Nachhaltigkeitsinitiative» der Schweizerischen Volkspartei (SVP) ein Musterbeispiel. Wenn das Land ein Boot ist, versteht es sich von selbst, dass die Zahl der Passagiere, die aufgenommen werden können, begrenzt ist.

Zugleich ist die Initiative ein Beispiel für die Doppelbödigkeit der Forderung nach weniger durchlässigen Grenzen. Zwar ist die Volksinitiative der SVP weniger offenkundig rassistisch als vergleichbare Bestrebungen in anderen Ländern, da sie sich auch gegen die Freizügigkeit der Bürger:innen aus EU-Ländern richtet, die mehrheitlich *weiss* sind. Und doch ist der rassistische Subtext der Forderung nach weniger durchlässigen Grenzen leicht zu entziffern. Immer wird beides betont: dass zu viele kommen und zu viele von den Falschen. Die *Grösse* der ständigen Wohnbevölkerung jenseits einer bestimmten Obergrenze wird als existenzielles Problem gesehen, aber auch ihre *Zusammensetzung*. Es geht um Begrenzung, aber auch um die Säuberung des Territoriums von Aussenseitern, die als andersartig und nicht-integrierbar gelten.

Willkür im Gewand von Notwendigkeit

Staaten kennen keine natürlichen Obergrenzen für ihre Wohnbevölkerung, jenseits derer es zu «eng» wird wie in einer überfüllten U-Bahn. Selbstverständlich kann es Engpässe der Versorgung geben, überfüllte Strassen, zu wenig bezahlbaren Wohnraum, Overtourism usw. Aber solche Überlastungsphänomene verschieben sich mit anderen Grössen wie der Energieproduktion, der Bautätigkeit, der Verkehrsinfrastruktur, dem Gesundheitssystem, dem Arbeitskräftebedarf usw. Wenn man all diese Faktoren zusammen betrachtet, kann man tatsächlich eine vernünftige Diskussion führen über die Belastung der Gesellschaft zum Beispiel durch zu viel Flächenverbrauch oder Energieverbrauch pro Kopf. In den Niederlanden gibt es eine solche Diskussion seit Jahren.[6] Mit Einwanderung hat all das erstmal nichts zu tun.

Bei der Bestimmung der Aufnahmefähigkeit von Gemeinden, Städten und ganzen Ländern spielen auch Mentalitäten und Lebensformen eine gewichtige Rolle. Meistens ist der Hinweis auf die Grenzen der *Fähigkeit* zur Aufnahme ohnehin nur ein Hinweis auf die äusserst variablen Grenzen der *Bereitschaft* der Einheimischen zur Aufnahme von Migrant:innen und eine Verbeugung vor dem einwanderungsfeindlichen Teil der Bevölkerung.

Ein kurzer Blick auf die Debatte in Deutschland

6 Vgl. Th. Kirchner: «Ein Land in der Klemme», in: Süddeutsche Zeitung, 23. Dezember 2022.

zeigt, wie willkürlich und stimmungsabhängig die Festlegung von Obergrenzen der Migration ist.[7] Horst Seehofer, damals CSU-Innenminister, forderte Anfang 2016 eine Obergrenze der Aufnahme von Flüchtlingen von 200.000 pro Jahr. Das sei «verkraftbar», sagte er. 2024 fachte der sächsische Ministerpräsident Michael Kretschmer (CDU) die Debatte wieder an, indem er eine Obergrenze von 60.000 Flüchtlingen forderte. Zuletzt brachte die Ex-Linke Sahra Wagenknecht eine Volksabstimmung ins Spiel, um eine «Asylwende» durchzusetzen, und wünschte sich eine Obergrenze von rund 50.000 Zuwanderern pro Jahr, wobei sie Asylsuchende und andere Zuwanderer:innen vermischte. All dies in einer Zeit, in der Monika Schnitzer, die Vorsitzende des Sachverständigenrats zur Begutachtung der gesamtwirtschaftlichen Entwicklung in Deutschland, 1,5 Millionen Zuwanderer pro Jahr für notwendig hält, unter anderem auch deshalb, weil viele Migrant:innen, die nach Deutschland kommen, angesichts des rassistischen Klimas nicht bleiben wollen und lieber weiterziehen.[8]

Der Streit um Obergrenzen für Geflüchtete oder Migration überhaupt offenbart einen Grundzug der von rechts angeheizten Migrationsdebatte. Jede Obergrenze suggeriert, dass es immer zu viele sind, die kommen wollen oder schon da sind. Die Diskussion kennt nur eine Richtung: Obergrenze null. Aber was bleibt nach dem angestrebten Ende der «Überfremdung» durch unerwünschte Einwanderung? Das reaktionäre Hirngespinst eines selbstgeschaffenen Fünf-Sterne-Reservats für die Eingeborenen.

7 Zur wachsenden Rolle schierer Willkür in der Migrationspolitik vgl. P. Mindus: Towards a Theory of Arbitrary Law-making in Migration Policy, in: Etikk i praksis: Nordic Journal of Applied Ethics 14(2), 2020, S. 9–33, https://doi.org/10.5324/eip.v14i2.3712.

8 Vgl. M. Schnitzer: «Deutschland braucht 1,5 Millionen Zuwanderer», in: Süddeutsche Zeitung, 3. Juli 2023, https://www.sueddeutsche.de/politik/wirtschaftsweise-schnitzer-deutschland-braucht-1-5-millionen-zuwanderer-dpa.urn-newsml-dpa-com-20090101-230703-99-265906.

Ausblendung der Binnenverhältnisse

Seit Platon werden Schiffsmetaphern immer wieder zum Ausgangspunkt von Gedankenexperimenten gemacht, um die möglichen Binnenverhältnisse in einer geschlossenen Gesellschaft durchzuspielen. Was ist, wenn der Kapitän kurzsichtig oder betrunken ist, Streit über den richtigen Kurs ausbricht oder die Mannschaft meutert? Solche Überlegungen lässt die der SVP-Initiative zugrunde liegende Bootsmetapher in ihrer Schlichtheit gar nicht zu. Das Boot ist entweder voll oder (noch) nicht voll. Das Bild sagt nichts über die sozialen Beziehungen innerhalb der Besatzung. Wer rudert das Boot? Wohin fährt das Boot? Wer bestimmt das? Diese Ausblendung soll suggerieren, dass in dem Boot alle gleich sind und es keine gravierenden Konflikte gibt. Gefahr droht immer nur von aussen, durch die vielen anderen, die auch ins Boot wollen.

Dies ist ein weiterer Grund, sich in Migrationsdebatten nicht von der Bootsmetapher in die Irre führen zu lassen. Ich habe an anderer Stelle gezeigt, dass die demokratische Gesellschaft verkümmert, je radikaler sie sich nach aussen abgrenzt. Mauern machen etwas mit denen, die sich hinter ihnen verschanzen und ängstlich auf die Welt jenseits der Grenzen blicken.[9] Die Vorstellung, dass der Staat durch strikte Einwanderungskontrolle die eigene Bevölkerung gleichsam unter administrativen Artenschutz stellt, ist beängstigend. Nicht zuletzt deshalb, weil sie die Freiheit derjenigen Schweizer:innen beeinträchtigt, die auch mit Menschen aus anderen Ländern zusammenleben oder arbeiten möchten. Moderne liberale Nationen sind *intern* transnational zusammengesetzt, und jeder Versuch, dies zu ändern, berührt letztlich die Freiheit aller.

Wenn wir uns einig sind, dass der Staat kein «Boot»

9 Vgl. V. M. Heins/F. Wolff: Hinter Mauern. Geschlossene Grenzen als Gefahr für die offene Gesellschaft, Berlin 2023.

ist und übrigens auch kein «Körper» und kein «Garten», um weitere geläufige Bilder zu nennen, stellt sich die Frage, ob es ein besseres Bild gibt, das die politische Fantasie beflügeln könnte. Ich schlage das Bild des Archipels vor, das ich bei Chandran Kukathas gefunden habe, einem in Malaysia geborenen Politiktheoretiker und Autor, der heute in Singapur lehrt.[10] Wie der Malaiische Archipel, so besteht nach Kukathas die freie Gesellschaft aus Einzelnen und Gruppen, die einer Vielzahl von Inseln ähneln, aber durch Transportmittel und Kommunikationsmedien miteinander verbunden sind. Die Gewässer zwischen den Inseln gehören zum Archipel ebenso dazu wie zahllose Boote, Schiffe und Flugzeuge und deren wechselnde Besatzungen.

Der Charme dieser Metapher liegt darin, dass sie Diversität und Bewegung zulässt und keine starre Hierarchie nahelegt. Land, Wasser und die Mittel ihrer Durchquerung gehören zusammen. Die Aussengrenzen sind fluide. Das Meer trennt die Menschen nicht, sondern verbindet sie – so wie früher das Mittelmeer Europa und Nordafrika verbunden hat, bevor es zu einem Massengrab für Flüchtlinge wurde. Ich gebe zu: Es ist nur eine Metapher, aber aus der Geschichte der Metapher von der Schweiz als einem «kleinen Rettungsboot» wissen wir, welche Folgen der Gebrauch von Metaphern für die politische Kommunikation haben kann. Die Aufgabe für die Linke besteht darin, eine Sprache zu entwickeln, die im Gegensatz zum Säuberungs- und Ausgrenzungsvokabular der politischen Rechten «Einheimische und Neuankömmlinge» ungeachtet ihrer Herkunft, ihres Aussehens oder ihres Wohlstands zusammenführt, anstatt sie gegeneinander aufzubringen. Eine Sprache, die Solidarität attraktiv macht.

10 Vgl. C. Kukathas: The Liberal Archipelago. A Theory of Diversity and Freedom, Oxford 2003.

Sanija Ameti

Migration, die Schweiz und die EU: It’s the identity, stupid!

Nirgends funktioniert Rechtspopulismus so gut wie in der Migrations- und Europapolitik. Schliesslich ist der Wesenskern des Rechtspopulismus der Ausschluss der «Anderen». Rechtspopulismus ohne Identitätspolitik gibt es nicht. So spielt auch in der Schweiz die Frage der Identität unweigerlich die zentrale Rolle im migrations- und europapolitischen Diskurs, indem sie die Abgrenzung gegenüber dem «Anderen» zum Leitmotiv hat. Diese «Anderen» sind in erster Linie Migrant:innen und «Eliten», welche gemäss antisemitischen Verschwörungserzählungen den sogenannten «grossen Austausch» in Europa herbeiführen würden.[1] Doch die eigentliche Frage ist, was denn das «Eigene» sein soll: Wer ist «Wir»? Auch an dieser Frage verankern Rechtspopulist:innen das Narrativ des «wahren Volks». Diese Frage muss sich aber die offene Gesellschaft genauso stellen: Erst dann weiss sie, wofür sie kämpft, und nur so kann sie die migrations- und europapolitische Diskurshoheit der Rechtspopulist:innen brechen.

1 N. Kutscher: Die Erzählung vom «grossen Austausch», Bundeszentrale für politische Bildung vom 17.6.2024.

Was ist also das «Eigene» der Schweiz? Die SVP ist gezwungen, darauf eine klare Antwort zu haben, denn das «wahre Volk» muss deutlich genug definiert sein, um es vom «Landesverräter», vom «Anderen», von der «Elite» abzugrenzen. Zum «wahren Volk» gehört gemäss SVP der «Eidgenosse» aus dem ballenbergischen Idyll, der die einzig richtige Meinung vertritt: Die EU gehört bekämpft; die Grenzen gilt es dicht zu machen und im Namen der «schweizerischen Werte» das Idyll vor «äusseren Gefahren» zu verteidigen. Dafür zieht der Eidgenosse mit der Hellebarde bewaffnet in die Schlacht.[2] Dieser «Eidgenosse» ist offensichtlich eine Fantasiegestalt. Sie wird von Rechtspopulist:innen aber als empirisch vorhanden angenommen und gerne bedient. Die rechtspopulistische Erzählung lebt von der Abgrenzung zum Fremden und erfüllt so ihre identitätsstiftende Funktion. Dabei wird durch Begriffe wie «Überfremdung» und «Asylchaos» ein Bild der konstanten Gefahr gemalt. Was genau die «schweizerischen Werte» sind, und was es überhaupt zu verteidigen gilt, bezieht sich stets auf mythologisierte Abschottungskonzepte der Souveränität und Neutralität, welche primär die Sicherung von Partikularinteressen – verkleidet als «Wille des wahren Volkes» – zum Ziel haben.

Eine Politik der Partikularinteressen ist umso schwerer durchzubringen, je pluralistischer und offener eine Gesellschaft ist. Daraus leitet sich das Ziel der Rechtspopulist:innen ab, die alleinige legitime Vertretung eines als homogen verstandenen Volkes zu sein. So basiert die rechtspopulistische Identitätsvorstellung auf der Konstruktion einer homogenen nationalen oder ethnokulturellen Gruppe, die durch eine «pseudo traditionelle» und mythologisierte Vergangenheit legitimiert wird und zur Ausgrenzung und Abwertung anderer Gruppen

2 P. Loser: Die SVP wetzt die Hellebarde, die anderen schauen benommen zu, Tagesanzeiger vom 13.6.2025.

dient.[3] Diese Vorstellung einer vorwiegend nationalen und ethnokulturell begründeten Identität widerspricht dem politischen Konzept der Identität der Willensnation diametral, da die Willensnation gerade eine bewusst gewollte Gemeinschaft von ansässigen Bürger:innen unterschiedlicher ethnischer Herkunft ist. Je mehr Migration eine Gesellschaft zulässt, umso vielfältiger, pluralistischer und offener wird diese Gemeinschaft. So erstaunt es nicht, dass Rechtspopulist:innen die Gesellschaft in «Wir und die Fremden» spalten und Migration unterbinden wollen, unabhängig davon, ob Migration ein reales Problem darstellt oder nicht. So findet sich der Begriff Überfremdung – eine Schweizer Erfindung – bereits 1900 in einer Broschüre des Zürcher Armensekretärs Carl Alfred Schmid, als der Ausländeranteil gerade mal bei 10 Prozent lag.[4]

Über Interessen und Identitäten: Ein historischer Überblick

Hatte die Schweiz bis 1914 eine liberale Einwanderungspolitik praktiziert, zeigte sich allmählich die Wirkung der «Überfremdungskampagnen» aus dem 19. Jahrhundert. So war etwa bei der Abstimmungskampagne für die Volksinitiative zum Schächtverbot 1893 Fremdenfeindlichkeit mit Antisemitismus das Leitmotiv, im selben Jahr führte der «Italienerhass» zu fremdenfeindlich motivierten Angriffen gegen italienische Arbeitermigranten, und wenig später, 1896, kam es in Zürich zum sogenannten Italienerkrawall, einer mehrtägigen fremdenfeindlichen Ausschreitung. Dabei wurde von sogenannten National-Patrioten immer wieder mit der bedrohten kulturellen Identität der Schweiz argumentiert, während das

3 J.-W. Müller: «Das wahre Volk» gegen alle anderen. Rechtspopulismus als Identitätspolitik, in: Aus Politik und Zeitgeschichte 9–11/2019, S. 18–24.

4 GRA Stiftung gegen Rassismus und Antisemitismus, Glossar: https://www.gra.ch/bildung/glossar/ueberfremdung/.

«Bürgertum» die fremdenfeindliche Stimmung für Wahlkampfgewinne nutzte.[5] Dass es bei der Migrationsfrage primär um ein rechtspopulistisches Konzept von Identität geht, zeigte sodann 1970 die «Schwarzenbach-Initiative» gegen die «Überfremdung» eindrücklich.

Der Kopf der Initiative war James Schwarzenbach, Mitglied der Nationalen Front, welche die nationalsozialistische Ideologie verherrlichte. Er begründete die Initiative explizit damit, dass die Schweizer Werte in Gefahr seien, und schliesslich wurde sie von seiner Partei mit dem Namen «Nationale Aktion gegen Überfremdung von Volk und Heimat» lanciert. Obwohl es offensichtlich um die Abgrenzung des «Eigenen» vom «Anderen» ging und nicht etwa um wirtschaftliche Fragen, haben Schwarzenbach wie auch der Bundesrat vorderhand wirtschaftliche Gründe propagiert. Schwarzenbach selbst wies den Vorwurf der Fremdenfeindlichkeit zurück und beschuldigte «eine Industrie, die übermässig expansionseifrig ist und oft vergisst, dass in einem Staat selbst die Wirtschaft eine Dienstleistungsfunktion hat». Auch der damalige FDP-Bundesrat sagte im Jahr 1971 in einem Interview: «Ich glaube nicht, dass viele der Ja-Stimmenden dies aus einer Ausländerfeindlichkeit herausgetan haben [...] entscheidend war auch die aussergewöhnliche Entwicklung der Wirtschaft [...] es gibt Männer, die von der Konjunktur profitieren, aber es gibt auch Männer, die nicht profitieren und sich vergessen fühlen. [...] All dies hat zu einer Abwehrreaktion geführt; viele haben gedacht, dass die grosse Zahl von Ausländern diese Entwicklung noch beschleunigen würde.»[6]

5 Vgl. etwa P. Anliker: Klassenkampf zwischen Bauern und Arbeitern, in: Der kleine Bund 144 (106), S. 7: «Als «Sieger aus der Schlacht» ging das Bürgertum hervor, das in der derselben Nacht des 19. Juni ein rauschendes Fest feierte, um Geld für das Bubenbergdenkmal zu sammeln. Auch politisch wirkte sich der Krawall für das Bürgertum zunächst günstig aus: Bei den Grossratswahlen im Mai 1894 mussten die Stadtberner Sozialdemokraten Verluste hinnehmen, zwei prominente Mitglieder wurden nicht wiedergewählt.»

6 Zit. nach R. Scarcelli: Vor 50 Jahren: Das Nein gegen die «Fremden», Swissinfo vom

Dies war der Schweizer Auftakt zum politischen Narrativ «Wir und die Fremden».[7] Obwohl die «Schwarzenbach-Initiative» gegen die «Überfremdung» abgelehnt wurde, hallt sie bis heute nach: Selbst heute noch versteckt die «Nachhaltigkeitsinitiative» ihren identitären und fremdenfeindlichen Kern hinter wirtschafts- und umweltpolitischen Scheinargumenten. Das auch durch die «Schwarzenbach-Initiative» geschürte Unbehagen gegen die Einwanderung etwa war einer der Gründe, dass der Beitritt der Schweiz zum Europäischen Wirtschaftsraum (EWR) 1992 hauchdünn abgelehnt wurde.[8] Diese Verknüpfung der migrations- und europapolitischen Diskurse ist heute noch wirkungsmächtig und leitet die Politik der SVP.[9]

Gleichzeitig lässt sich spätestens seit der EWR-Frage 1992 in den europa- und migrationspolitischen Diskussionen beobachten, wie die Argumente der Befürworter:innen der europäischen Integration und eines liberalen Migrationsregimes fast ausschliesslich auf wirtschaftliche Interessen fokussieren. Namentlich geht es um die Teilhabe der Schweiz am Binnenmarkt der Europäischen Union (EU). Als grösster gemeinsamer Wirtschaftsraum der Welt bringt der Zugang zum europäischen Binnenmarkt der Schweiz am meisten wirtschaftliche Vorteile und damit Wohlstand. Weil die Personenfreizügigkeit (PFZ) die zentrale Säule ist, auf der das System des Binnenmarkts und damit die Existenz der EU als solche gründet, ist deren

4. Juni 2020, https://www.swissinfo.ch/ger/wirtschaft/vor-50-jahren_das-erste-nein-gegen-schwarzenbachs-ueberfremdungs-initiative/45782628.

7 Ebd.

8 D. Landwehr: Die Schwarzenbach-Initiative, Blog, Nationalmuseum vom 5. Juni 2020.

9 Vgl. etwa Parteizeitung der SVP vom 17. Februar 2020: «So begrenzte Schwarzenbach die Zuwanderung – Wie der Bundesrat in den 1960er Jahren die Zuwanderungsprobleme in den Griff bekam? Durch die Festlegung von Kontingenten. Die kontrollierte Zuwanderung war ein Erfolgsmodell – bis zur Einführung der Personenfreizügigkeit mit der EU», https://www.svp.ch/aktuell/parteizeitung/2020-2/svp-klartext-februar-2020/so-begrenzte-schwarzenbach-die-zuwanderung/.

Geltung eine unabdingbare Voraussetzung für die Teilhabe am europäischen Binnenmarkt. Die PFZ verlangt, dass die Staatsangehörigen der EU-Mitgliedstaaten, der EFTA-Staaten (Island, Liechtenstein, Norwegen) und der Schweiz sich innerhalb dieser Länder (diskriminierungs-)frei bewegen, arbeiten und leben können. Die Bilateralen I – und damit die Personenfreizügigkeit – wurden im Jahr 2000 von den Schweizer Stimmbürger:innen gutgeheissen. Mit deren Inkraftsetzung am 1. Juni 2002 wurde die PFZ eingeführt. Seitdem ist das reale (inflationsbereinigte) BIP pro Kopf in der Schweiz um 25 Prozent gewachsen[10] und würde gemäss Prognosen bei einem Wegfall der PFZ bis 2045 um 4,9 Prozent schrumpfen.[11]

Aus diesem Blickwinkel betrachtet erstaunt es nicht, dass die Befürworter:innen der bilateralen Verträge mit der EU die durch die Personenfreizügigkeit bedingte Migration bis heute aus rein wirtschaftlicher Perspektive bewerten und in den politischen Auseinandersetzungen demgemäss argumentieren. Ganz anders ist die Perspektive der Gegner:innen, namentlich der SVP. Ihr Fokus liegt nicht auf den wirtschaftlichen Aspekten der PFZ, sondern auf der nationalen Ideologie und den darin enthaltenen Identitätskonstruktionen. Sichtbar wird dies etwa an der Hellebarde, mit der die SVP gegen die Bilateralen III offenbar in die Schlacht ziehen will, oder an den Bildsprachen sämtlicher europafeindlicher Initiativen vor der sogenannten Nachhaltigkeitsinitiative,[12] welche bereits die Kündigung der PFZ und damit der Bilateralen zum Hauptziel hatten.

10 Stellungnahme des Bundesrates vom 17. Mai 2023 auf die Interpellation 23.3192 «Einfluss der Personenfreizügigkeit auf die BIP-Daten der Schweiz».

11 Staatssekretariat für Wirtschaft SECO, Volkswirtschaftliche Auswirkungen eines Wegfalls der Bilateralen I, Januar 2025.

12 Erreicht die ständige Wohnbevölkerung vor 2050 die Zahl von zehn Millionen Menschen, soll die Schweiz das Personenfreizügigkeitsabkommen mit der EU kündigen, so der Inhalt der Initiative.

Institutionelle Anbindung der Schweiz an die EU: «Mutter aller Schlachten»

Weil das «Eigene» im rechtspopulistischen Identitätskonzept klar definiert ist, ist auch klar, wer nicht zur Schweiz dazugehört. Die «Anderen» umfassen in erster Linie Migrant:innen und darüber hinaus auch Schweizer:innen mit erkennbarem migrantischem Hintergrund – schliesslich repräsentiert niemand die Identität einer Willensnation und damit die pluralistische Gesellschaft offensichtlicher als Migrant:innen, die sich eingebürgert haben. Weniger offensichtlich ist, dass Rechtspopulist:innen auch alle Bürger:innen ohne erkennbare Migrationsgeschichte ausschliessen, die ihr Identitätskonzept des vermeintlich «wahren Volkes» nicht teilen.

Dies zeigt sich nirgends so stark, wie wenn es um die Frage der Anbindung an die EU geht: Als Nigel Farage etwa in der Nacht des Brexit-Referendums erklärte, das Ergebnis sei ein Sieg «for real people», sagte er nichts anderes, als dass die über 16 Millionen Brit:innen (48 Prozent), die für den Verbleib in der EU gestimmt hatten, keine wahren Brit:innen seien. Als der Schweizer Bundesrat das Verhandlungsergebnis mit der EU rund um die Bilateralen III vorstellte, schimpfte SVP-Nationalrat Thomas Matter: «Wer ein solches Abkommen aushandelt, der begeht Landesverrat!» Gleichzeitig kündigte die SVP an, die Verantwortlichen im Aussendepartement (EDA) wegen Landesverrats anzuzeigen.[13] Selbst FDP-Bundesrat Ignazio Cassis wurde vom Chefredaktor des rechtspopulistischen Blattes «Nebelspalter» im Zusammenhang mit den EU-Verträgen als Ausländer bezeichnet: «Dass ausgerechnet Cassis, ein eingewanderter Italiener, ‹Gopferdeckel›, einen

13 D. Ballmer/R. Studer: SVP will Beamte wegen Landesverrat anzeigen, in: Blick vom 10. Februar 2024, https://www.blick.ch/politik/eda-leute-von-cassis-im-visier-svp-will-beamte-wegen-landesverrat-anzeigen-id19418942.html.

solchen Entscheid fällt, ist schon ein starkes Stück.» Augenfällig ist, dass die Ausfälle der SVP nirgends so heftig sind wie bei den Verträgen mit der EU.

Sodann ist es auch kein Zufall, dass die SVP die Abstimmung um die EU-Verträge als «Mutter aller Schlachten» [14] bezeichnet: Eine stärkere Anbindung der Schweiz an die EU würde eine Festigung des politischen Identitätskonzepts der Willensnation und damit der pluralistische Demokratie bedeuten. Sie würde über die nationale Ebene hinaus nun zusätzlich völkerrechtlich verankert und mittels europäischer Institutionen durchgesetzt. Auf der völkerrechtlichen Ebene sind die Einflussmöglichkeiten über direktdemokratische Instrumente beschränkt, was das Durchsetzen der rechtspopulistischen Agenda erschwert. Aus diesem Grund bekämpft die SVP auch den Vorrang des Völkerrechts als Bedrohung der «Volkssouveränität».[15]

Schweiz und die EU: Willensnation in einer Willensunion

Anders als in der propagierten Erzählung der SVP hat die Schweiz – genauso wie die EU – keine gemeinsame Sprache, keine gemeinsame Religion und keine gemeinsame Kultur. Die Identität des «Schweizervolks» ist sein gemeinsamer politischer Wille, gemäss dem Zweckartikel der Bundesverfassung (Art. 2) als pluralistische Demokratie in einer Willensnation zu leben und zu handeln. Auch die europäische Identität ist ein politisches und

14 R. Köppel: Spitzmarke: EU-Rahmenvertrag – Die Mutter aller Schlachten, in: SVP-Parteizeitung vom 6. November 2020, https://www.svp.ch/aktuell/parteizeitung/2020-2/svp-klartext-november-2020/spitzmarke-eu-rahmenvertrag-die-mutter-aller-schlachten/.

15 So etwa die SVP-«Selbstbestimmungsinitiative» von 2018. Allgemein zum Rechtspopulismus und Völkerrecht vgl. D. Möckli: Das populistische Verständnis von (direkter) Demokratie als Herausforderung für den Rechtsstaat, Zeitschrift für Schweizerisches Recht (ZSR) 2022, 141, 593–610.

nicht etwa ein nationales oder ethnokulturelles Konzept:[16] Ebenfalls im Zweckartikel des Vertrags über die Europäische Union (Art. 2) begründen die EU-Mitgliedstaaten die «Behauptung ihrer [der EU] Identität auf internationaler Ebene, insbesondere durch eine gemeinsame Aussen- und Sicherheitspolitik, wozu [...] auch die schrittweise Festlegung einer gemeinsamen Verteidigungspolitik gehört, die zu einer gemeinsamen Verteidigung führen könnte». Die Behauptung der europäischen Identität dient zum Zweck der «Erhaltung und Weiterentwicklung der Union als Raum der Freiheit, der Sicherheit und des Rechts, indem [...] der freie Personenverkehr gewährleistet ist».

Insofern kann die EU als Willensunion bezeichnet werden. Als solche vereint sie beispiellos die Vielfalt der europäischen Völker und beweist damit den Erfolg der bisher umfassendsten pluralistischen und offenen Gesellschaft, die es nach zwei Weltkriegen geschafft hat, auf der Grundlage einer gemeinsamen Rechtsordnung den Frieden in Europa weitgehend zu sichern. Ohne die PFZ wären europäische Willensunion und Friedensprojekt nicht möglich. Und dadurch, dass die PFZ über die Bilateralen in der Schweiz gilt und EU/EFTA-Bürger:innen den Hauptteil der gesamten Zuwanderung hierzulande ausmachen, ist sie auch der Hauptmotor für die Förderung der offenen Gesellschaft und der pluralistischen Identität der Schweiz. Deshalb wird die PFZ auch so unablässig durch die SVP bekämpft.

16 T. Meyer: Europäische Identität, in: T. Meyer/J. Eisenberg (Hrsg.): Europäische Identität als Projekt. Innen- und Aussensichten, Wiesbaden 2009, S. 15–30.

Fazit: Freie Schweizer:innen sind stolze Europäer:innen

Wer im Abstimmungskampf rund um die SVP-Initiativen gegen die PFZ die Ebene der Identität ignoriert, wird es schwer haben, die rechtspopulistische Diskurshoheit zu durchbrechen. Zu lange fokussierten die Argumente der Befürworter:innen der PFZ allein auf wirtschaftliche Interessen – das den SVP-Initiativen zugrunde liegende rechtspopulistische Identitätskonstrukt bleibt bis heute grösstenteils unbeachtet. Wer die Identität der Schweiz als Willensnation vertritt und eine demokratische, pluralistische und offene Gesellschaft in einer Zeit verteidigt, in der sie von Autokraten und Rechtspopulist:innen angegriffen werden, kann im migrations- und europapolitischen Diskurs nicht mehr allein mit wirtschaftlichen Argumenten bestehen.

Auf Ebene der Identität gegen Rechtspopulist:innen zu argumentieren bedeutet zunächst, ihre migrationsfeindlichen Narrative und damit ihre Vorstellung von Identität grundsätzlich und jedes Mal aufs Neue abzulehnen. Wenn die Migration selbst von linken Parteien als problematisch dargestellt wird, etwa in Bezug auf Arbeitnehmerschutz oder Wohnungsknappheit, wird einzig das rechtspopulistische Narrativ genährt. Wirtschafts-, Sozial- und Infrastrukturpolitik müssen von der Migrationspolitik entkoppelt werden, wenn die damit zusammenhängenden politischen Forderungen auf rechtspopulistischen Identitätsvorstellungen gründen. Stattdessen gilt es aufzuzeigen, dass Migration in Europa die treibende Kraft einer europäischen und schweizerischen Identität im Sinne einer pluralistischen Demokratie ist. Diese Identität gilt es zu fördern – es hängt nicht zuletzt die Freiheit des Kontinents davon ab.

Wer sind wir freien Schweizer:innen also? Europäer:innen!

Teil 2

Argumente gegen die «Keine 10-Millionen-Schweiz!» der SVP

Marc Spescha

Die «Keine 10-Millionen-Schweiz!» -Initiative – welche rechtlichen Folgen hätte eine Annahme?

Mit der «Eidgenössischen Volksinitiative ‹Keine 10-Millionen-Schweiz!›» will die SVP in der Bundesverfassung verankern, dass die künftige Entwicklung der Schweiz durch eine fixe Zahl beschränkt wird. Diese wurde willkürlich bestimmt im Wissen darum, dass die Schweiz unweigerlich zeitnah auf diese Grenze hinsteuert, wenn keine drastischen Massnahmen ergriffen werden. Die angebliche Dramatik der Situation wird nicht rational begründet, soll aber mit dem Ausrufezeichen im Namen der Initiative unterstrichen werden.

Gemäss dem neuen Art. 73a der Bundesverfassung (BV), der mit dem trügerischen Randtitel «Nachhaltige Bevölkerungsentwicklung» versehen ist, darf die ständige Wohnbevölkerung der Schweiz zehn Millionen Menschen vor dem Jahr 2050 nicht überschreiten. Eine Übergangsbestimmung verpflichtet den Bundesrat jedoch bereits bei Überschreitung der Grenze von 9.5 Millionen Menschen vor dem Jahr 2050, Massnahmen im Hinblick auf die Einhaltung des Grenzwertes zu treffen, *«insbesondere im Asylbereich und beim Familiennachzug»*. Gemäss Initiativtext zählen zur ständigen Wohnbevölkerung, anders als in der Statistik des Staatssekretariat für Migration (SEM), auch alle ausländischen Personen, die – ungeachtet ihres ausländerrechtlichen Status – sich mehr als ein Jahr in der Schweiz aufhalten. Dies bezieht sich insbesondere auch auf Personen mit F- und S-Status, sprich auf vorläufig Aufgenommene und Schutzsuchende. Zählt man diese zur ständigen Wohnbevölkerung, belief sich diese Ende 2024 auf über neun Millionen Personen und gemäss dem Referenzszenario zur Bevölkerungsentwicklung des Bundesamtes für Statistik wird die ständige Wohnbevölkerung die Limite von 9.5 Millionen bereits im Jahre 2031 überschreiten.

Schon hier wird klar, wer im Visier der zeitnah wirksamen Initiative ist: einerseits Asylsuchende und die für sie geltende Flüchtlingskonvention, andererseits Familienangehörige, die im Regelfall entweder aus der Flüchtlingskonvention (FK), Art. 3 Anh. I Personenfreizügigkeitsabkommen (FZA), Art. 13 BV oder Art. 8 der Europäischen Menschenrechtskonvention (EMRK) Rechte ableiten können. Im Fokus der Initianten steht aber auch der freie Personenverkehr insgesamt.

Folgerichtig benennt die SVP auf ihrer Website die Gründe, die sie zur Lancierung der Initiative veranlasst haben, selbst wie folgt:

- Masseneinwanderung aus der EU als Folge der Personenfreizügigkeit,
- Familiennachzug der Asylsuchenden und der Einwandernden aus Drittstaaten infolge der Personenfreizügigkeit,
- zunehmende Asylbewerberzahlen vor allem aus Afrika und dem Mittleren Osten,
- Flüchtlinge mit Aufenthaltsstatus S aus der Ukraine,
- Einwanderung aus Drittstaaten.

Dass rigide Begrenzungsmassnahmen in diesen Bereichen mit völkerrechtlichen Verpflichtungen in Konflikt gerieten, ist den Initianten bewusst, kümmert sie aber nicht. Abgesehen davon, dass die Initiative nur die *zwingenden* Bestimmungen des Völkerrechts «vorbehält», verpflichtete sie nach dem Wortlaut der Übergangsbestimmung explizit zur Kündigung «bevölkerungswachstumstreibender internationaler Übereinkommen» für den Fall, dass keine Ausnahme- oder Schutzklauseln ausgehandelt werden können oder diese – falls vorhanden – nicht die gewünschte Wirkung haben. Namentlich erwähnt der Initiativtext den allenfalls unterzeichneten UNO-Migrationspakt und das Personenfreizügigkeitsabkommen. Die EMRK wird zwar nicht ausdrücklich genannt, fällt indes ebenfalls unter die Übereinkommen, die zwecks Verhinderung der «10 Millionen-Schweiz» zu kündigen wären.

Es ist bezeichnend für die Haltung der SVP zu Rechtsstaatlichkeit und Menschenrechten, dass sie in ihrem gesamten 35-seitigen Argumentarium kein Wort verliert über mögliche Grund- und Menschenrechtsverletzungen. Dass ihnen diese schnurz sind, ist kein Geheimnis und wurde in den Parlamentsdebatten zu migrationsrechtlichen Themen (z.B. verweigerte Beseitigung der Inländerdiskriminierung beim Familiennachzug und gänzliches Verbot des Familiennachzugs durch vorläufig Aufgenommene) und zur Kündigung der EMRK insbesondere im Jahr 2024 wiederholt drastisch vor Augen geführt.

Die Unvereinbarkeiten der Initiative mit internationalen Übereinkommen lassen sich unschwer nachweisen. Während die darin verankerten Rechte unabhängig von irgendwelchen Bevölkerungszahlen und allfälliger Obergrenzen gelten, will die SVP ebensolche Rechte, und seien es Grund- und Menschenrechte, beschneiden, wenn die von ihr willkürlich definierten Zahlengrenzen überschritten werden; wie wenn man Rechte einfachhin ausser Kraft setzen dürfte, wenn eine fixe Zahl es diktiert. Die im Juni 1970 abgelehnte «Schwarzenbach-Initiative» wollte die «Zahl der Ausländer» zwar auch zahlenmässig begrenzen (auf 10 Prozent der schweizerischen Staatsangehörigen), zählte immerhin aber nebst Saisonniers diverse Ausländerkategorien nicht mit, explizit «Hochschulstudenten, qualifizierte Wissenschafter und Künstler, Altersrentner, Kranke und Erholungsbedürftige, Pflege- und Spitalpersonal». Eine Ausländerpolitik mit fixen zahlenmässigen Begrenzungen wurde von kritischen Zeitgenossen schon damals abgelehnt: «Ein solcher Zahlenautomatismus – Kind des modernen Zeitgeistes, Zeuge einer unbewältigten Gegenwart – ist von Grund auf verfehlt», hielt etwa der langjährige Italien-Korrespondent des damaligen Radio Beromünster, Victor I. Willi, in einem kurz vor der Abstimmung veröffentlichten Buch unter dem Titel «Überfremdung – Schlagwort oder bittere Wahrheit?» fest. Die aktuelle Initiative der SVP ist im Vergleich mit der fremdenfeindlichen «Schwarzenbach-Initiative» aber rigider und insofern extremer!

Da die Umsetzung der Initiative *zwingend* zur Verletzung staatsvertraglicher Verpflichtungen sowie der Menschenrechte führte, katapultierte die Initiative die Schweiz aus der europäischen Rechtsgemeinschaft. Sichtbar wird zudem, dass sie auch Grundrechte der Bundesverfassung missachtet und Art. 35 BV, der staatliche Organe zur Verwirklichung der Grundrechte verpflichtet, schlicht zum toten Buchstaben würde.

Die Unvereinbarkeit der «Keine 10-Millionen-Schweiz!»-Initiative mit dem Personenfreizügigkeitsabkommen

Der freie Personenverkehr, wie er (auf Initiative der Schweiz hin notabene!) mit dem FZA staatsvertraglich geregelt wurde, ist der bei Weitem einwanderungsrelevanteste Zugangsweg in die Schweiz: Ihm sind, wie die Bezeichnung «*freier* Personenverkehr» sagt, Kontingente oder Höchstzahlen fremd, und auch eine Schutzklausel erlaubte im Falle überdurchschnittlicher Zuwandererzahlen nur während längst abgelaufene kurze Übergangsfristen bis zur Einführung der vollen Freizügigkeit eine vorübergehende zahlenmässige Begrenzung. Mit Ausnahme von Kroatien, bei deren Staatsangehörigen höchstens noch im Jahre 2026 Kontingente festgesetzt werden könnten, lässt das FZA keinen Raum (mehr) dafür, den Personenverkehr einseitig zu blockieren. Art. 14 Abs. 2 FZA sieht zwar vor, dass ein sogenannter Gemischter Ausschuss aus Vertreter:innen der Vertragsparteien «bei schwerwiegenden wirtschaftlichen oder sozialen Problemen» auf Verlangen einer Vertragspartei zusammentritt, «um geeignete Abhilfemassnahmen zu *prüfen*» und innerhalb einer verlängerbaren Frist von 60 Tagen «über die zu ergreifenden Massnahmen [zu] beschliessen». Diese sind allerdings «in Umfang und Dauer auf das zur Abhilfe erforderliche Mindestmass zu beschränken» und dürfen «das Funktionieren» des Abkommens nur «so wenig wie möglich beeinträchtigen».

Angesichts der hohen Hürden für die Ergreifung von Massnahmen und deren sehr begrenzten Reichweite erstaunt nicht, dass Art. 14 Abs. 2 FZA seit Bestehen des freien Personenverkehrs, das heisst für die «alten» 15 Mitgliedstaaten der EU sowie Zypern und Malta seit Juni 2008, für die acht osteuropäischen EU-Staaten seit Juni

2014, für Rumänien und Bulgarien seit Juni 2019 nie zur Anwendung kam bzw. im Gemischten Ausschuss ernsthaft hätten Begrenzungsmassnahmen beantragt werden können. Dies umso weniger, als die Schweiz im europäischen Vergleich wirtschaftlich prosperierender Spitzenreiter ist und wegen ihres Status als attraktives Zuwanderungsland von «schwerwiegenden wirtschaftlichen und sozialen Problemen» im Sinne der Abkommensbestimmung nun wahrlich keine Rede sein kann. Dass in den Bilateralen III eine «griffigere» Klausel allenfalls *vorübergehende* Begrenzungen erlaubte, ändert nichts daran, dass sie für die Umsetzung der «Keine 10-Millionen-Schweiz!»-Initiative nicht taugte und diese ein Ende des freien Personenverkehrs bedeutete: Das Recht von erwerbstätigen und nichterwerbstätigen EU-Bürger:innen, in der Schweiz Wohnsitz zu nehmen und ihre Familienangehörigen nachzuziehen, kann bloss wegen des Erreichens einer bestimmten Bevölkerungszahl staatsvertraglich nicht ausser Kraft gesetzt werden.

Dass die EU die Annahme der Initiative als dreiste Absage an die Bemühungen geregelter Beziehungen auf der Basis der Personenfreizügigkeit interpretierte, will heissen als grösstmöglichen Affront, und daher nicht mehr bereit wäre, mit der Schweiz über Schutzklauseln und dergleichen zu diskutieren, steht ausser Frage. Folglich: *Wer ja sagt zur «Keine 10-Millionen-Schweiz!»-Initiative, sagt nein zum bilateralen Weg an sich,* sprich: nicht nur zu einer Neuregelung der Beziehungen im Rahmen der Bilateralen III, sondern zu sämtlichen Bilateralen, allen voran dem aktuellen FZA und den damit verknüpften sechs sektoriellen Abkommen (Forschung, öffentliches Beschaffungswesen, technische Handelshemmnisse, Landwirtschaft, Luftverkehr, Landverkehr), die infolge der Guillotine-Klausel mit der Kündigung des FZA allesamt ebenfalls wegfielen. Eine Quadratur des Kreises gibt es nicht!

Das ist keine Angstmacherei, sondern Klartext: als Gebot intellektueller Redlichkeit. So gesehen ist – anstelle der irreführenden Etikette «Nachhaltigkeits-Initiative», die die Initiative in Klammern führt – einzig die Bezeichnung «FZA-Kündigungs-Initiative» angemessen.

Die Unvereinbarkeit der «Keine 10-Millionen-Schweiz!»-Initiative mit dem grund- und menschenrechtlich geschützten Privat- und Familienleben

Art. 8 EMRK schützt das Privat- und Familienleben. Den gleichen Schutz gewährt Art. 13 der Bundesverfassung. Wenngleich das entsprechende Grund- und Menschenrecht einem Ausländer nicht das voraussetzungslose Recht gibt, in einem beliebigen Land zu leben, kann die Verweigerung des familiären Zusammenlebens in einem bestimmten Aufenthaltsstaat das geschützte Privat- oder Familienleben verletzen. Personen mit einem sogenannten gefestigten Anwesenheitsrecht in einem Aufenthaltsstaat, namentlich Bürger:innen desselben oder Personen mit Niederlassungsbewilligung sowie langjährig aufenthaltsberechtigte ausländische Personen, sind unter bestimmten Voraussetzungen grundsätzlich berechtigt, insbesondere Ehepartner:innen und minderjährige Kinder in die Schweiz nachzuziehen. Eine Verweigerung des Familienlebens müsste sachlich besonders gerechtfertigt sein, wobei das blosse Interesse an einer restriktiven Einwanderungspolitik hierfür nicht genügt. Folglich könnte die Schweiz auch nach Annahme der «Keine 10-Millionen-Schweiz!» den Familiennachzug nach Überschreiten der 9.5-Millionen-Grenze unter Hinweis auf diese Zahl nicht sistieren, ohne diverse andere Bestimmungen der Bundesverfassung und die Menschenrechtskonvention zu verletzen. Mit Blick auf jährlich rund 40.000 Personen, die im Familiennachzug zur ständigen Wohnbevölkerung der Schweiz hinzukommen und grösstenteils einen *menschenrechtlichen Nachzugsanspruch* haben, hätte die Volksinitiative mithin *tausendfache Rechtsverletzungen* zur Folge. Dies müsste zwangsläufig auch zur Kündigung der EMRK führen, da solche Rechtsverletzungen nicht unter Hinweis auf das Landesrecht gerechtfertigt werden können. Insofern erweist sich die «Keine 10-Millionen-Schweiz!»-Initiative auch als verkappte, aber noch zugespitzte Neuauflage der sogenannten Selbstbestimmungs-Initiative unter dem Titel «Schweizer Recht statt fremde Richter», die in der Volksabstimmung vom 25. November 2018 aus guten Gründen mit einer Zweidrittelmehrheit abgewiesen worden war, weil sie auf die Kündigung der EMRK zielte. Die Initiative ist mithin auch eine «EMRK-Kündigungs-Initiative», ein Ziel notabene, das die SVP auch auf parlamentarischem Wege letztmals im Jahre 2024 vergeblich zu erreichen versuchte.

Unvereinbarkeit mit der Genfer Flüchtlingskonvention (FK) und den Dublin- und Schengen-Abkommen

Auf Asylgesuche nicht einzutreten oder für die Anerkennung von Flüchtlingen eine Obergrenze fixieren zu wollen, wäre überdies weder mit der Flüchtlingskonvention noch mit dem Dublin-Abkommen vereinbar und verstiesse ausserdem im Kern gegen das geltende Asylgesetz. Da bei Einschränkungen im Asylbereich die völkerrechtlichen Verpflichtungen im Bereich der Menschenrechte zu beachten sind, hat der Bundesrat bei der Beantwortung von verschiedenen parlamentarischen Vorstössen bereits die völkerrechtliche Unzulässigkeit folgender Massnahmen festgestellt: die Festlegung einer zahlenmässigen Obergrenze für die Annahme von Asylgesuchen, die Schaffung von Transitzonen zur Durchführung sämtlicher

Asylverfahren gemäss Art. 22 AsylG, das Nichteintreten auf Asylgesuche von straffälligen Asylsuchenden, die Feststellung, dass Asylsuchende, die ein sicheres Land durchqueren, keine Flüchtlinge sind, sowie die Forderung, den Flüchtlingsbegriff einzuschränken. Sofern entsprechende Massnahmen nicht unter das zwingende Völkerrecht fielen, verstiessen sie derart schwerwiegend gegen die Flüchtlingskonvention und das Dublin-Abkommen, dass auch deren Kündigung folgerichtig wäre.

Unerwünschte Nebenfolge des Wegfalls des Dublin-Abkommens wären allerdings noch mehr Asylgesuche, etwa von Personen, die in einem Dublin-Staat vergeblich um Asyl nachgesucht haben. Auch wenn man diese Gesuche unbehandelt liesse und Flüchtlingen Bewilligungen verweigerte, wären diese Menschen als «Sans-Papiers» da und vermehrten die Zahl der zur ständigen Wohnbevölkerung zählenden Personen. Der Ruf nach forcierten Ausschaffungen wäre die naheliegende Folge, wobei dann doch regelmässig zu prüfen wäre, ob nicht zwingendes Völkerrecht verletzt wird und eine Ausschaffung überhaupt vollzogen werden könnte. Um sich solche Verlegenheiten zu ersparen, läge ein verstärkter Grenzschutz nahe, was allerdings mit dem Schengen-Abkommen kollidierte. Das Szenario zeigt, dass mit der Initiative endlich das bewirkt würde, was die SVP-Propagandisten seit jeher mantrahaft, aber ohne sachliches Fundament beschwören: ein *Asylchaos* – jetzt aber brutal real.

Kündigung oder Verletzung weiterer internationaler Übereinkommen

Der Vollständigkeit halber ist darauf hinzuweisen, dass nicht nur der von der Schweiz bis dato nicht unterzeichnete UNO-Migrationspakt zu kündigen wäre, wie die Initiative explizit verlangt, sondern eine Umsetzung der

Initiative auch die UNO-Kinderrechtskonvention und die im Rahmen des internationalen Menschenrechtsschutzes zentralen UNO-Pakte I und II verletzte.

Mehrfach verfassungswidrig, BV 35 toter Buchstabe, handwerkliche Mängel

Art. 5 Abs. 4 BV verpflichtet Bund und Kantone, das Völkerrecht zu beachten. Dazu gehört selbstverständlich, dass Verpflichtungen, die sich aus völkerrechtlichen Abkommen ergeben, erfüllt werden. Insofern dies aber nicht gelten soll, sobald die ständige Wohnbevölkerung gewisse Grenzen überschritte, verstiesse die «Keine 10-Millionen-Schweiz!»-Initiative gegen Art. 5 BV, ohne dass der Normkonflikt durch eine sogenannte konkordante Verfassungsauslegung aufgelöst werden könnte. Ebenso wenig könnte das demokratisch legitimierte Asylgesetz weiter vollzogen werden, da es unter anderem ohne zahlenmässigen Vorbehalt zur Anerkennung der Flüchtlingseigenschaft Verfolgter verpflichtet und zur Regelung von deren Aufenthalt.

Art. 35 BV hält fest, dass die Grundrechte in der ganzen Rechtsordnung zur Geltung kommen müssen und wer staatliche Aufgaben wahrnimmt, an die Grundrechte gebunden und verpflichtet ist, zu ihrer Verwirklichung beizutragen. Insofern die Unterlassung willkürlichen und diskriminierenden Handelns und die Achtung des Familienlebens Grundrechte sind, würde Art. 35 BV faktisch ausser Kraft gesetzt, wenn die Verwirklichung ebendieser Grundrechte bei Erreichen der «magischen» Zahlen 9,5 bzw. 10 Millionen verwehrt wird: sprich der Familiennachzug ausgesetzt wird, Rechtsansprüche und Bewilligungen verweigert und Gesetze diskriminierend angewandt werden.

Nur nebenbei zu erwähnen ist schliesslich, dass der Initiativtext auch grobe handwerkliche Mängel aufweist.

Zwei Beispiele: Dass vorläufig Aufgenommene bei Überschreiten des Grenzwertes von 9.5 Millionen kein Schweizer Bürgerrecht (mehr) erhalten, ist schon deshalb Unsinn, weil dies nach dem seit dem Jahr 2018 in Kraft befindlichen Bürgerrechtsgesetz gar nicht möglich ist. Dass vorläufig Aufgenommene aber auch keine Aufenthaltsbewilligung oder ein «anderweitiges Bleiberecht» erhalten sollen, ändert nichts daran, dass sie effektiv und legal in der Schweiz bleiben, weil die Rückkehr in ihr Herkunftsland von Gesetzes wegen (!) entweder nicht möglich, nicht zulässig oder nicht zumutbar ist. Mit der Fixierung auf den gleichwohl prekären Status der vorläufigen Aufnahme werden sie aber an der Integration gehindert, was offensichtlich nicht im öffentlichen Interesse liegt und jeder sachlichen Rechtfertigung entbehrte.

Fazit

Mit Blick auf die fundamentalen Verstösse gegen grundlegende internationale Konventionen und das FZA, gegen mehrere Bestimmungen der Bundesverfassung und klare gesetzliche Verpflichtungen käme die Annahme der Initiative juristisch dem gleich, was in der Atomdebatte als «Super-Gau» gilt: Der neue Verfassungsartikel «ritzte» EMRK, FK und FZA nicht bloss, sondern liefe diesen Abkommen im Kern zuwider. Flagranter sind Rechtsverletzungen nicht denkbar, da eine konventionskonforme Umsetzung des von einer schlichten Zahl bestimmten Initiativtextes ausgeschlossen ist. Stattdessen wäre aber der Ausschluss der Schweiz aus der europäischen Rechtsgemeinschaft unvermeidbar und ihr internationales Ansehen und ihre Glaubwürdigkeit als rechtsstaatliche Demokratie zutiefst erschüttert. Dass der freie Personenverkehr auch für Auslandschweizer:innen beendet und das Leben der gegen 500.000 bereits in der EU lebenden

Auslandschweizer:innen ungemütlich würde, versteht sich von selbst.

Gemessen an diesen katastrophalen Folgen einer Annahme der Initiative ist die dramatische Beschwörung einer angeblich unheilvollen «10-Millionen-Schweiz» eine kaum zu überbietende Groteske. Mit allem Respekt gegenüber abweichenden Meinungen: Wer nicht ganz von Sinnen ist, kann der Initiative allein schon wegen der verheerenden rechtlichen Konsequenzen nicht zustimmen. Auf dem Spiel steht nichts weniger als die Rechtsstaatlichkeit unserer Demokratie und die Zugehörigkeit der Schweiz zur europäischen Rechts- und Wertegemeinschaft.

Rosemarie Weibel und Simon Stettler

Wir sind alle Ausländer:innen oder: Einwanderungsrecht – Ideen für eine makellose Gesellschaft

Wenn wir Einwanderungsrecht betrachten als etwas, was uns erzählt, wie wir unser Land und seine Bewohner:innen und damit uns selbst sehen bzw. sehen möchten, zeigt die sogenannte Nachhaltigkeitsinitiative[1] in etwa Folgendes auf:

Die Schweiz als Insel – oder Festung; die Schweiz ist weiss; Schweizer:innen sind wirtschaftlich produktiv, Schweizer:innen wollen keine Kinder; Schweizer:innen verdienen gut, arbeiten Vollzeit, sind gesund und angepasst und haben keine persönlichen Probleme – es gibt keine schutzbedürftigen Minderheiten; es herrscht eine heterosexuelle Zweigeschlechtlichkeit; wir sind die Richtigen, denken in klaren Kategorien und unsere Demokratie ist für Privilegierte.

Eine ziemlich dystopische Vorstellung einer «reinen» Schweiz, die den Autor:innen Sorge bereitet.

1 Eidgenössische Volksinitiative «Keine 10-Millionen-Schweiz! (Nachhaltigkeits-Initiative)».

Die Schweiz als Insel

«Eine nachhaltige Entwicklung ermöglicht die Befriedigung der Grundbedürfnisse aller Menschen und stellt eine gute Lebensqualität sicher, überall auf der Welt sowohl heute wie auch in Zukunft. Sie berücksichtigt die drei Dimensionen – ökologische Verantwortung, gesellschaftliche Solidarität und wirtschaftliche Leistungsfähigkeit – gleichwertig, ausgewogen und in integrierter Weise und trägt den Belastbarkeitsgrenzen der globalen Ökosysteme Rechnung.»[2]

Die Initiative dagegen schlägt als Massnahme «zum Schutz der Umwelt und im Interesse der dauerhaften Erhaltung der natürlichen Lebensgrundlagen» die Begrenzung der ständigen Wohnbevölkerung der Schweiz vor. Dabei geht es den Initiant:innen einzig um Migrationsrecht im Sinne eines Zuwanderungsstopps: Ein allfälliger Geburtenüberschuss innerhalb der Schweiz ermächtigt nämlich zur Anpassung des Grenzwertes von zehn Millionen Einwohner:innen.

Zur Erinnerung: Im Jahr 1900 lebten in der Schweiz 3,3 Millionen Personen, aktuell sind es gut neun Millionen, also etwa 2,75-mal so viele.[3] Im gleichen Zeitraum hat sich die Weltbevölkerung fast verfünffacht[4]. Anstatt den Ressourcen- und Energieverbrauch unseres Lebensstils so zu verringern, dass alle Menschen daran teilhaben könnten, geht die Initiative den Weg der Abkapselung. Soll mit der Initiative wirklich das Menschenrecht auf eine gesunde

2 Bundesamt für Raumentwicklung ARE: Nachhaltigkeitsverständnis in der Schweiz, https://www.are.admin.ch/are/de/home/nachhaltige-entwicklung/nachhaltigkeitspolitik/nachhaltigkeitsverstaendnis-in-der-schweiz.html.

3 Bundesamt für Statistik, Bevölkerungswachstum und -bestand, 4.12.2025, https://www.bfs.admin.ch/bfs/de/home/statistiken/bevoelkerung/stand-entwicklung.html.

4 Statista, Entwicklung der Weltbevölkerungszahl von Christi Geburt bis zum Jahr 2023, 2025, https://de.statista.com/statistik/daten/studie/1694/umfrage/entwicklung-der-weltbevoelkerungszahl/.

Umwelt geschützt werden? Kommt die Schweiz damit ihrer Verpflichtung nach, ein faires und 1,5 C-kompatibles nationales CO_2-Budget zu bestimmen und eine mit dem nationalen CO_2-Budget kompatible Klimagesetzgebung auszuarbeiten[5] und zu erlassen?

Die Schweiz als glückliche Insel – oder eher als Festung karnivorer Egoist:innen,[6] zu deren Verteidigung dann unvermeidlich das Militärbudget erhöht und die Militarisierung vorangetrieben werden muss?

Die Schweiz ist weiss

Als eine der ersten Massnahmen im Hinblick auf die Einhaltung des Grenzwertes von zehn Millionen Einwohner:innen sieht die Initiative insbesondere Massnahmen im Asylbereich und beim Familiennachzug vor.

Das heisst, insbesondere die Zuwanderung von *People of Colour* soll beschränkt werden: Asylsuchende stammen aus Ländern, die nicht Mitglied der EU-EFTA sind, meist aus ausser- oder osteuropäischen Staaten. Auch beim Familiennachzug kommen vor allem Staatsangehörige aus Ländern ausserhalb der EU27- und EFTA-Länder in die Schweiz.[7]

5 Vgl. Urteil der Grossen Kammer des EGMR vom 9. April 2024 in Sachen Verein KlimaSeniorinnen Schweiz «Verein Klimaseniorinnen Schweiz und andere vs. Schweiz» (Verfahrensnummer 53600/20).

6 Vgl. SVP: Argumentarium – Eidgenössische Volksinitiative «Keine 10-Millionen-Schweiz! (Nachhaltigkeits-Initiative)», 2023, S. 12. Online: https://nachhaltigkeitsinitiative.ch/wp-content/uploads/2023/07/ARGUMENTARIUM-Nachhaltigkeits-Initiative_DE.pdf (abgerufen am 21.12.2025).

7 «Staatsangehörige der EU27- und EFTA-Länder kommen in erster Linie aus beruflichen Gründen in die Schweiz (57 %), die übrigen Migrantinnen und Migranten eher aus familiären Gründen (58 % der Personen aus anderen europäischen Ländern, ca. 50 % der Personen aus Ländern ausserhalb Europas sowie der Schweizer Staatsangehörigen). Asyl wird am häufigsten von Staatsangehörigen der Länder ausserhalb Europas genannt (24 % gegenüber maximal 10 % bei den anderen Ländergruppen).» vgl. Bundesamt für Statistik, Migrationsgründe und Zukunftspläne, 2025, https://www.bfs.admin.ch/bfs/de/home/statistiken/bevoelkerung/migration-integration/internationale-wanderung/migrationsgruende.html.

Schweizer:innen sind wirtschaftlich produktiv

Familiäre Gründe sind nach der Arbeit der zweitwichtigste Auslöser der Zuwanderung in die Schweiz, wobei die familienbedingte Migration in erster Linie Frauen betrifft: Gemäss Bundesamt für Statistik ist die Familie für 51,2 Prozent der Frauen, aber nur für 30,6 Prozent der Männer Hauptgrund für die Einwanderung in die Schweiz – je nach Umfrage ist der Unterschied nach Geschlecht noch grösser.[8]

Obwohl allgemein anerkannt ist, dass die Trennung von der Familie integrationshemmend ist,[9] will die Initiative den Familiennachzug weiterhin einschränken. Dahinter steckt wohl auch die Vorstellung, dass ausländische Frauen sowieso traditionelle Hausfrauen-Ehen führen (was an sich dem hinter der Initiative stehenden reaktionären Familienbild entsprechen würde …), kaum qualifiziert sind und daher keinen «Mehrwert» bringen,[10] das heisst wirtschaftlich kaum von Nutzen sind. Sie haben zwar effektiv mehr Mühe bei der beruflichen Eingliederung in der Schweiz, was aber wohl vor allem damit zusammenhängt, dass sie ihre bei der Ausbildung erworbenen Kenntnisse nur eingeschränkt nutzen können (sogenanntes Phänomen der Disqualifizierung[11]) und mit der nicht immer vorhandenen Verfügbarkeit erschwinglicher Angebote der familienergänzenden Kinderbetreuung.

8 In einer MMS-Umfrage 2020 gaben 58 Prozent der Frauen (gegenüber 26 % der Männer) familiäre Gründe als einen oder einzigen Grund für ihre Einreise in die Schweiz an; vgl. Philippe Wanner/Rosita Fibbi (Hg.): Die Schweizer Migrationslandschaft im 21. Jahrhundert, Zürich 2025, S. 49.

9 Alberto Achermann: Integration und Geschlecht, in: Christina Hausammann/Walter Kälin (Hg.): Geschlechtergleichstellung im Migrationskontext, Bern 2014, S. 70

10 Vgl. SVP: Argumentarium – Eidgenössische Volksinitiative «Keine 10-Millionen-Schweiz! (Nachhaltigkeits-Initiative)», 2023, S. 22f. Online: https://nachhaltigkeitsinitiative.ch/wp-content/uploads/2023/07/ARGUMENTARIUM-Nachhaltigkeits-Initiative_DE.pdf (abgerufen am 21.12.2025).

11 Wanner/Fibbi (Hg.), Die Schweizer Migrationslandschaft, S. 50.

Kinder nicht willkommen

Die Schweiz ist gerade dabei, die im Saisonnier- und Jahresaufenthalterstatut fehlende Möglichkeit, Kinder nachzuziehen, aufzuarbeiten – Betroffene haben dazu einen Verein gegründet, TESORO. Dieser Verein setzt sich zum Ziel, das Leid illegalisierter migrantischer Familien mit Saisonnier- und Jahresaufenthalterstatut aufzuarbeiten. Erste Forschungsprojekte sind am Laufen, Regisseur:innen und Schriftsteller:innen befassen sich mit diesem Drama.[12]

Die sogenannte Nachhaltigkeitsinitiative sieht nun vor, dass erste Massnahmen bei Überschreiten einer fiktiven Bevölkerungsobergrenze genau beim Familiennachzug zu treffen sind. Das heisst, Eltern dürften ihre Kinder nicht mit in die Schweiz nachziehen, sie müssten sie im Herkunftsland zurücklassen. Sie dürften sich also nicht persönlich um sie kümmern, wenn sie hier arbeiten.

Es bedeutet auch, dass die Schweiz auslagert: Menschen dürften hier sein, solange sie arbeiten – möglichst als Fachkraft – aber allein und nur so lange, wie sie «produktiv» sind. Wir würden damit Schulen,[13] aber auch Alters- und Pflegeheime sparen. Zurück zum «Rotationsmodell» der Schweizer Arbeitsmarktpolitik nach dem Zweiten Weltkrieg! Schliesslich widerspiegelt das eine Auffassung von Sorge – Care, Fürsorge – als Last und nicht als Recht, für sich selbst und andere Sorge zu tragen oder durch andere Sorge zu erfahren. Sorge ist in diesem Verständnis nicht Investition in die Zukunft oder menschliches

12 Vgl. auch den offenen Brief von Paola De Martin an Bundesrätin Simonetta Sommaruga, 21.9.2018, publiziert bei INES, https://institutneueschweiz.ch/De/Blogs/176/Story_3_Paola.

13 Vgl. SVP: Argumentarium – Eidgenössische Volksinitiative «Keine 10-Millionen-Schweiz! (Nachhaltigkeits-Initiative)», 2023, S. 26f. Online: https://nachhaltigkeitsinitiative.ch/wp-content/uploads/2023/07/ARGUMENTARIUM-Nachhaltigkeits-Initiative_DE.pdf (abgerufen am 21.12.2025).

Grundbedürfnis.[14] Arbeitgebende werden uns dafür danken – Vereinbarkeit von Familie und Arbeit ist kein Problem, wenn keine Familie da ist.

Übrigens: Einschränkungen im Familiennachzug bedeuten nicht nur, dass Aufenthaltsbewilligungen aus diesem Grund noch schwieriger zu erhalten wären, sondern heisst auch Ausweisung bei Dahinfallen der Voraussetzungen, zum Beispiel bei Auflösung der Familiengemeinschaft oder nicht mehr ausreichender finanzieller Mittel. Es ist daran zu erinnern, dass eine Vielzahl von Schweizer:innen nebst Freund:innen und Bekannten auch Verwandte und Zugewandte ausländischer Staatsangehörigkeit haben – es betrifft auch in diesem Sinne nicht «nur» die Familien «der andern».

Schweizer:innen verdienen gut, arbeiten Vollzeit, sind gesund und angepasst und haben keine persönlichen Probleme

Bereits das aktuelle Ausländer- und Integrationsgesetz (AIG) sieht eine Aufenthaltsberechtigung für Menschen ohne Schweizer Pass grundsätzlich nur für Erwerbstätigkeit im Interesse der Gesamtwirtschaft vor und nur insoweit, als «nachgewiesen wird, dass keine dafür geeigneten inländischen Arbeitnehmerinnen und Arbeitnehmer oder Angehörige von Staaten, mit denen ein Freizügigkeitsabkommen abgeschlossen wurde, gefunden werden können» (Art. 21 AIG).

Ausländer:innen werden ebenfalls zugelassen, wenn völkerrechtliche Verpflichtungen, humanitäre Gründe oder die Vereinigung der Familie es *erfordern* (Art. 3 AIG).

14 Dazu und zu den transnationalen Sorgeketten sowie dem «Care-Drain», der durch die Auslagerung von Sorgearbeit auf Migrant:innen entsteht vgl. z. B. Maria Kontos: Europäische Politiken im Zuge der Globalisierung von Pflegearbeit, 13.2.2012, http://www.gwi-boell.de/downloads/Kontos_Europaeische_Politiken_zu_globalisierter_Pflegearbeit_Mai2010.pdf (abgerufen am 21.12.2025).

Die Situation für Personen, die nicht dem Ideal eines gesunden, voll arbeitsfähigen, voll arbeitenden, gut verdienenden und anspruchslosen Arbeitnehmenden entsprechen, hat sich insbesondere seit Annahme der Volksinitiative gegen die Masseneinwanderung (Art. 121a BV) spürbar verschlechtert. Massgebende Kriterien für die Erteilung von Aufenthaltsbewilligungen sind vor allem das Gesuch der Arbeitgebenden, die Integrationsfähigkeit und eine ausreichende, eigenständige Existenzgrundlage. Der Anspruch auf dauerhaften Aufenthalt, Familiennachzug und Sozialleistungen kann beschränkt werden. So sind die Behörden nunmehr verpflichtet, den Migrationsämtern systematisch Mitteilung zu machen bei der Eröffnung von Strafuntersuchungen; zivil- und strafrechtlichen Urteilen; Änderungen im Zusammenhang mit dem Zivilstand sowie bei einer Verweigerung der Eheschliessung; dem Bezug von Sozialhilfe; dem Bezug von Arbeitslosenentschädigung; dem Bezug von Ergänzungsleistungen nach dem ELG; Disziplinarmassnahmen von Schulbehörden; Massnahmen von Kindes- und Erwachsenenschutzbehörden; anderen Entscheiden, die auf einen besonderen Integrationsbedarf hindeuten (Art. 97 AIG). Selbst die Niederlassungsbewilligung kann nunmehr auch bei hier geborenen, aufgewachsenen oder langjährig anwesenden Personen zurückgestuft und schlussendlich entzogen werden (Art. 63 AIG).

Sollte die sogenannte Nachhaltigkeitsinitiative angenommen werden, hätte dies Auswirkungen auf die Verhältnismässigkeitsprüfung bei Ab- und Wegweisungsentscheiden: Der Überbevölkerung – «Überfremdung» – als öffentliches Interesse käme ein Gewicht zu, das (noch) öfters dasjenige der Betroffenen am Schutz ihrer Grund- und Freiheitsrechte überwiegen würde.

In der Schweiz gibt es keine schutzbedürftigen Menschen (und schon gar nicht Frauen)

Nur das Freizügigkeitsabkommen sowie die internationalen Menschenrechtsübereinkommen garantieren noch einen gewissen Schutz vor dem Verlust der Daseinsberechtigung von Menschen ohne Schweizer Pass. Und genau diesen Schutz will die sogenannte Nachhaltigkeitsinitiative nunmehr abschaffen, indem sie einzig zwingende Bestimmungen des Völkerrechts vorbehält. Gleichzeitig stellt sie die Kündigung der Freizügigkeitsabkommen und der Pakte zum Schutz der Menschenrechte als Massnahmen der Bevölkerungskontrolle in Aussicht – Pakte wie die Istanbul-Konvention oder das Übereinkommen zur Beseitigung jeder Form von Diskriminierung der Frau (CEDAW), die in den letzten Jahren gerade auch den Blick für frauenspezifische Erfahrungen geschärft haben.

Gemäss bundesrätlicher Botschaft[15] werden dem *ius cogens* unter anderem das Verbot von Völkermord, Folter, Sklaverei sowie das Verbot der Ausschaffung in einen Staat, in dem der betroffenen Person Folter oder eine andere Art grausamer und unmenschlicher Behandlung oder Bestrafung droht (sog. «Non-Refoulement-Prinzip») zugerechnet.

Ohne diesbezüglich auf Details einzugehen, heisst dies, dass Diskriminierungen aufgrund von Herkunft, *Race*, Geschlecht,[16] Alter, Sprache, sozialer Stellung,

15 Bundesrat: Botschaft zur Volksinitiative «Keine 10-Millionen-Schweiz! (Nachhaltigkeitsinitiative)» vom 21. März 2025, Bundesblatt vom 21. März 2025. Online: https://www.fedlex.admin.ch/eli/fga/2025/1262/de (abgerufen am 21.12.2025).

16 Man denke zum Beispiel an die schon heute kaum sorgfältig abgeklärten geschlechtsspezifischen Erfahrungen von Frauen und Mädchen unter anderem im Asylbereich; vgl. u.a. Terre des femmes: Frauen im Asylverfahren – Die Anerkennung fraunespezifischer Fluchtgründe in der Schweizer Asylpraxis, 2011. Online: https://www.brava-ngo.ch/assets/dokumente/2011_Bericht_Frauen_im_Asylverfahren_DE.pdf (abgerufen am 21.12.2025).

Lebensform, religiöser, weltanschaulicher oder politischer Überzeugung oder wegen körperlicher, geistiger oder psychischer Behinderung grundsätzlich zumindest als tolerierbar angesehen würden, solange daraus nicht gerade Folter oder eine andere Art grausamer und unmenschlicher Behandlung oder Bestrafung folgen.

Mit Paola De Martin[17] sagen wir: «Wenn die Schweizer Mehrheit denkt, dass Menschenrechtsverletzungen an Ausländern in der Schweiz kein Schweizer Thema sind, dann muss sich das ändern.»

Heterosexuelle Zweigeschlechtlichkeit

Gerade auch Personen, die nicht der konservativen Vorstellung von Geschlecht und Geschlechterrollen entsprechen, sind von einer restriktiven Migrationspolitik, die weitere Einschränkungen im Asylbereich und die Abkehr von Menschenrechten vorsieht, betroffen: Erst kürzlich musste der Europäische Gerichtshof für Menschenrechte die Schweiz daran erinnern, dass zum Beispiel die Forderung an Personen, ihre Identität zu verbergen oder «diskret» zu sein, mit den internationalen Menschenrechtsnormen unvereinbar ist.[18] Darauf können sich alle Einwohner:innen dieses Landes berufen – solange wir Menschenrechte und die Konventionen, in der sie genannt werden, hoch achten.

Wir sind die Richtigen

Migrationspolitik ist ein Prüfstein für die Annehmbarkeit von Freiheitseinschränkungen und Ähnlichem. Wer

17 Paola De Martin an Bundesrätin Simonetta Sommaruga, 21.9.2018.
18 Bundesverwaltungsgericht: M.I. c. Suisse, Arrêt no. 56390/21, 12 novembre 2024, 2024 sowie FRI – Schweizerisches Institut für feministische Rechtswissenschaft und Gender Law: Gender Law Newsletter FRI 2025#1, 2025. Online: https://www.genderlaw.ch/deutsch/fri/startseite/index.html (abgerufen am 21.12.2025).

keine einigermassen gut bezahlte Arbeitsstelle hat oder besonders wohlhabend ist, hat zumindest in der Schweiz keine Daseinsberechtigung: Die sogenannte Nachhaltigkeitsinitiative ist diesbezüglich klar – es kommen die Falschen, das heisst, wer keine Fachkraft ist, ist falsch. Wer Arbeitslosengeld bezieht, ist falsch. Wer Kinder hat und Migrationserfahrung, überfordert Schulen und Bildungssystem. Wer nicht produziert, ist falsch. Wer flüchtet und nach einem besseren Leben trachtet, ist falsch. Und falls selbst eine Fachkraft nicht mehr gebraucht wird, soll sie bitte verschwinden.

Dies hat Konsequenzen für alle, auch für Schweizer:innen, denen durch eine restriktive Migrationspolitik aufgezeigt wird, was die Erwartung ist: eine Vollzeit arbeitende, gut ausgebildete Fachkraft, die nicht aufmuckt, damit sie nicht arbeitslos wird, der es gesundheitlich gut geht, damit sie auch voll arbeiten kann, die nicht aus Liebe heiratet – sondern einen Landsmann bzw. eine Landsfrau, die Diskriminierungen wegen sexueller Orientierung oder Geschlechtsidentität schluckt usw.

Denken in Kategorien

Eine solche Migrationspolitik erzieht auch dazu, Unterschiede zu machen: In der Beratungstätigkeit als Scheidungsanwältin zum Beispiel ist es unumgänglich, nach Staatsangehörigkeit und Ausländerstatus zu fragen, um beurteilen zu können, welche Konsequenzen eine Trennung oder Scheidung für die beratungssuchende Person oder deren Ehepartner:in haben könnte. Dasselbe gilt im Arbeitsrecht, um beurteilen zu können, welche Konsequenzen ein Verlust der Arbeitsstelle auf die Daseinsberechtigung haben könnte. Im Migrations- und Asylrecht geht es darum, wie stark Freiheits- und Grundrechte eingeschränkt werden dürfen, bevor man sich auf die Flucht begeben und ein sichereres Land suchen darf. Im Sozialversicherungsrecht geht es unter anderem um die Exportierbarkeit gewisser Leistungen.

Die sogenannte Nachhaltigkeitsinitiative und unser Migrationsrecht allgemein verlangen von uns – und normalisieren das –, Menschen in Kategorien einzuteilen. Von denen haben einige mehr und andere weniger Wert, und solche aus kaum industrialisierten Ländern haben überhaupt keinen. Sie erziehen uns dazu, zu diskriminieren, Schweizer:innen als höherwertig anzusehen.

Demokratie für wenige

Schliesslich will die sogenannte Nachhaltigkeitsinitiative, dass bei Überschreitung des ersten Grenzwertes vorläufig Aufgenommene keine Aufenthalts- oder Niederlassungsbewilligung, kein Schweizer Bürgerrecht und kein anderweitiges Bleiberecht erhalten. Auch wenn sie trotz allem nicht in ein anderes Land abgeschoben werden können, sollen sie nie dazugehören.

Dies bedeutet eine dauerhafte Prekarisierung, die bekanntlich psychisch krank macht. Auch diesbezüglich ist die Initiative alles andere als nachhaltig.[19]

Ausserdem: «Wer auf Dauer von der gleichberechtigten Zugehörigkeit ausgeschlossen bleibt, wird letztlich in seiner Existenz herabgewürdigt. Das geltende Bürgerrecht schliesst gewisse Gruppen über lange Zeit, oftmals sogar über Generationen hinweg aus. Ein Gemeinwesen, das einen Teil seiner Mitglieder langfristig ausschliesst, verliert seine Legitimation.»[20]

19 Vgl. Christin Achermann/Milena Chimienti (unter Mitarbeit von Fabienne Stants): Migration, Prekarität und Gesundheit (SFM-Studien 41), Neuchâtel 2006.

20 Aus dem Argumentarium der Eidgenössische Volksinitiative «Für ein modernes Bürgerrecht (Demokratie-Initiative)», online: https://demokratie-volksinitiative.ch/wp-content/uploads/2023/05/Argumente-zur-Volksinitiative-.docx (abgerufen am 21.12.2025).

Die Eidgenössische Volksinitiative «Keine 10-Millionen-Schweiz! (Nachhaltigkeitsinitiative)» fährt unbeirrt mit dieser Ausschluss- und Segregationspolitik fort.

Chaos verhindern: Nein zur Kündigung der Personenfreizügigkeit

Es ist immer das gleiche Rezept: Man nehme einen unverfänglichen, möglichst mehrheitsfähigen Titel. Dann zähle man eine Reihe von mehr oder weniger weit verbreiteten Sorgen der Bevölkerung auf. Und drittens behaupte man dann, die Lösung der diesen zugrunde liegenden gesellschaftlichen und wirtschaftlichen Probleme sei keinesfalls kompliziert. Es genüge vielmehr, die Zahl der Ausländer:innen auf die eine oder andere Weise zu reduzieren, um sie – die Ausländer:innen und die Probleme – zum Verschwinden zu bringen.

Die lange Liste von solchen Projekten[1] beginnt mit den Schwarzenbach-Initiativen «gegen die Überfremdung» vom 7. Juni 1970 bzw. «gegen die Überfremdung und Überbevölkerung der Schweiz» vom 20. Oktober 1974, die mit 54 bzw. 65,8 Prozent Nein-Stimmen verworfen wurden. Es folgten am 13. März 1977 die «IV. Überfremdungsinitiative» der Republikaner und am 4. Dezember 1988 die Volksinitiative «für die Begrenzung der Einwanderung»

1 Initiativen, die sich auf eine Verschlechterung des Ausländergesetzes oder der Asylgesetzgebung fokussierten, sind hierbei nicht mitgezählt.

der Nationalen Aktion, welche noch deutlicher abgelehnt wurden. Als nächstes wurde im Mai 2000 die rechtsbürgerliche Volksinitiative «für eine Regelung der Zuwanderung» (auch «18-Prozent-Initiative» genannt) trotz SVP-Unterstützung mit 63,8 Prozent Nein-Stimmen abgelehnt. Es folgte der Schock der SVP-Initiative «Gegen Masseneinwanderung», die am 9. Februar 2014 eine äusserst knappe Mehrheit von 50,3 Prozent der Stimmenden überzeugte. Die nächsten beiden Projekte, die Ecopop-Initiative «Stopp der Überbevölkerung – zur Sicherung der natürlichen Lebensgrundlagen» noch im selben Jahr und die SVP-Initiative «Für eine massvolle Zuwanderung» (auch «Kündigungsinitiative» genannt) 2020, wurden dann mit 74,1 bzw. 61,7 Prozent Nein-Stimmen wiederum klar abgelehnt.

Und jetzt ist also einmal mehr die SVP am Start. Sie hat sich mit den Slogans «Keine 10-Millionen-Schweiz» und «Nachhaltigkeitsinitiative» diesmal ein besonders eingängiges Framing ausgedacht. Denn ja, wer hat denn etwas gegen «Nachhaltigkeit» einzuwenden? Und wer freut sich schon auf eine «10-Millionen-Schweiz», eine Schweiz – so suggeriert es die SVP jedenfalls – mit volleren Zügen und Autobahnen und mutmasslich immer weiter steigenden Mieten?

Aber worum geht es diesmal tatsächlich?

Der Wolf im Schafspelz – Der Weg ins Chaos

Die neue SVP-Initiative spricht von «nachhaltiger Bevölkerungsentwicklung», von der «Erhaltung der natürlichen Ressourcen» und von der «Leistungsfähigkeit der Infrastruktur». Zu einer Lösung all der Probleme, die sie damit scheinbar adressiert, trägt sie aber rein gar nichts bei. Sie ist damit nichts anderes als konzentrierte

Fremdenfeindlichkeit im heimatschützerischen Tarnmäntelchen.

Konkret fordert die Initiative, dass die Bevölkerung der Schweiz die Grenze von 10 Millionen Menschen nicht überschreitet. Schon ab 9,5 Millionen Einwohner:innen muss der Bund drastische Massnahmen zur Begrenzung der Wohnbevölkerung ergreifen. Bei aktuell 9,1 Millionen Einwohnern und angesichts des ungebrochenen Arbeitskräftebedarfs unserer Wirtschaft dürfte dieser Schwellenwert wohl bald erreicht sein – auch wenn die Schweiz wie so viele andere Länder langfristig eher Antworten auf das Problem einer schrumpfenden Bevölkerung und Wirtschaft finden muss.

Was dann folgt ist pures Chaos. Weitere Verschlechterungen der Asylgesetzgebung werden den Wachstumstrend nicht brechen. Wird dann der 10-Millionen-Grenzwert während zwei Jahren nicht eingehalten und können keine «Ausnahme oder Schutzklauseln» ausgehandelt werden, muss die Schweiz auch das Personenfreizügigkeitsabkommen mit der EU kündigen – ganz gleich, wie die Bevölkerungsprognosen und die soziale Problemlage dann aussehen. Und mit der Personenfreizügigkeit stehen dann auch gleich die ganzen Bilateralen Verträge auf dem Spiel. Mit anderen Worten: Es geht um eine Neuauflage der SVP-Kündigungsinitiative von 2020, nur diesmal geschickt hinter einer Nebelwand aus «Grenzwerten» sowie Nachhaltigkeits- und Dichtestress-Geschwurbel versteckt.

SVP-Kampagnen arbeiten gern mit Bildern einer idyllischen Schweiz, mit einer grünen Berglandschaft, mit Kühen und niedlichen weissen Schäfchen, unter denen bloss die – in der Regel ausländischen – schwarzen Schafe stören. Aber lassen wir uns nicht für dumm verkaufen. Die neueste Initiative malt zwar kräftig an der heilen Schweizer Idylle weiter, doch auf den zweiten Blick zeigt sich, diese Initiative ist alles andere als ein niedliches Schäfchen. Es handelt sich hier vielmehr um den sprichwörtlichen Wolf im Schafspelz!

Neue fremdenfeindliche Diskriminierungen

Als Erstes nimmt die Initiative direkt Asylsuchende und dann Migrant:innen überhaupt ins Visier. Sobald die Schwelle von 9,5 Millionen Einwohner:innen erreicht ist, muss das Asylrecht radikal verschlechtert werden. Und ab 10 Millionen muss das internationale Abkommen für eine sichere, geordnete und reguläre Migration gekündigt werden (UNO-Migrationspakt). Mit dem Abbau der Aufenthalts- und Familiennachzugsrechte sind neue Diskriminierungen und damit der Rückfall in die unhaltbaren Zustände aus der Ära des Saisonnierstatuts[2] absehbar.

Bis in die 1990er-Jahre herrschte in der Schweiz ein System der Arbeitsmarktabschottung, das einen Teil der Arbeitnehmenden massiv benachteiligte. Das fremdenfeindliche Kontingentierungssystem bedeutete für Hunderttausende von Kolleg:innen und für ihre Familien unerträglich viel Not und Leid. Die Saisonniers reisten ein, arbeiteten hart und mussten wieder ausreisen, unsicher, ob sie im nächsten Jahr wieder einreisen konnten. Sie arbeiteten für wenig Geld, waren ihren Arbeitgebern völlig ausgeliefert und mussten in Baracken leben, durften ihre Familien nicht in die Schweiz nachkommen lassen. Die Schweiz missbrauchte die ausländischen Arbeitnehmenden als Konjunkturpuffer. Und genau zu dieser Schandfleck-Schweiz will jetzt die SVP zurück.

Zurzeit erlebe ich bei Gewerkschaftsveranstaltungen bzw. Diskussionen immer wieder: Unsere Kolleg:innen ohne Schweizer Pass sind schockiert, dass eine derartig

2 «Baracken, Fremdenhass und versteckte Kinder – Darum darf es in der Schweiz kein neues Saisonnierstatut geben», hrsg. von Work/Gewerkschaft Unia, Bern 2014.

krass diskriminierende und menschenverachtende Initiative nach ersten Umfragen Aussichten auf Erfolg hat. Sie fühlen sich direkt angegriffen, denn ihre Rechte stehen auf dem Spiel: das Recht, mit seinem/seiner Partner/in und mit den Kindern zusammenzuleben, das Recht, die Arbeitsstelle frei zu wechseln, das Recht, den Kanton zu wechseln, das Recht auf Niederlassung und auf ein faires Einbürgerungsverfahren.

Das macht auch mich betroffen. Die Arbeit von Arbeitnehmenden ohne Schweizer Pass hält die Schweiz am Laufen: Mehr als ein Drittel der in der Schweiz geleisteten Arbeitsstunden wird von sogenannten Migrant:innen geleistet, meist in den Kernbranchen. Ohne sie gäbe es schlicht keine neuen Wohnungen, keine Tunnels und keine Strassen, kein Pflegeheim könnte funktionieren, die Spitäler müssten dichtmachen, Hotels und Restaurants sowieso, ganze Gewerbe- und Industriebranchen brächen zusammen und hinterherputzen würde ohne sie auch niemand mehr. Und diese Leistung, dieser kostbare Beitrag zu Gesellschaft und Wirtschaft – ganz zu schweigen von den elementaren Grund- und Menschenrechten – sollen plötzlich nichts mehr zählen, nur weil ein völlig willkürlicher Grenzwert zwei Jahre überschritten wird?

Das darf doch nicht wahr sein!

Gegen Lohnschutz und Arbeitnehmende

Das ist aber erst die erste Hälfte der neuesten SVP-Geschichte. In der zweiten zeigt der Wolf im Schafspelz erst so richtig seine Zähne. Und gebissen werden alle Arbeitnehmer:innen in der Schweiz.

Denn mit der angestrebten Kündigung der Personenfreizügigkeit sollen auch die der SVP verhassten Flankierenden Massnahmen geschleift werden. Sie hätte zur Folge, dass die im Entsendegesetz enthaltenen Lohnschutzmassnahmen aufgehoben würden. Artikel 15 Entsendegesetz (EntsG) verknüpft das Lohnschutzsystem eindeutig mit dem Abkommen über die Personenfreizügigkeit. Konsequenz: Wenn die Personenfreizügigkeit fällt, dann fällt auch das «Bundesgesetz über die flankierenden Massnahmen bei der Entsendung von Arbeitnehmer:innen und bei der Kontrolle der in Normalarbeitsverträgen vorgesehenen Mindestlöhne» (Entsendegesetz).

Im Entsendegesetz (Art. 15) ist der Lohnschutz verbunden mit Sanktionen wie Geldstrafen und Arbeitsverboten. Es regelt die Voranmeldung für Entsendebetriebe, damit Kontrollen zielgerichtet stattfinden können. Es ermöglicht durch Behörden angeordnete Arbeitsunterbrüche bei fehlbaren Betrieben. Es ist die Basis für die Kontrollorgane und für ihre Finanzierung, die Jahr für Jahr rund 160.000 Arbeitsverhältnisse in 37.000 Unternehmen kontrollieren und etwa 50 Millionen Franken an Lohnnachzahlungen zugunsten der Arbeitnehmenden durchsetzen.[3] Es stellt die Gültigkeit und Durchsetzung von Mindestarbeitsbedingungen in allgemeinverbindlichen Gesamtarbeitsverträgen sicher. Es etabliert den Anspruch auf menschenwürdige Unterbringung. Es ist die Basis für die Subunternehmerhaftung. Bei Annahme der Initiative würden all diese aufgelisteten Instrumente und solche, die wir bei der Neuverhandlung der Personenfreizügigkeit demnächst noch erreichen werden, abgeschafft.

Damit würden die wildesten Träume der SVP-Spitzenpolitiker:innen wahr. Denn seit Jahren schon hetzen die

3 2023: 158.848 kontrollierte Personen in 36.597 Unternehmen, Bericht über die Flankierenden Massnahmen des SECO, 2023. Online: https://www.seco.admin.ch/seco/de/home/Publikationen_Dienstleistungen/Publikationen_und_Formulare/Arbeit/Personenfreizuegigkeit_und_Arbeitsbeziehungen/berichte-des-seco-ueber-den-vollzug-der-flankierenden-massnahmen/flam-bericht_2023.html (abgerufen am 11. Dezember 2025). 50 Millionen zurückgeforderte Beträge: Bericht über die Verteilung des SGB 2023, S.13. Online: https://www.sgb.ch/fileadmin/redaktion/docs/mk-cp/230109_JMK/154d__Verteilungsbericht_2023.pdf (abgerufen am 11. Dezember 2025).

Blochers, Aeschis und Dettlings gegen Gesamtarbeitsverträge und wirksame Kontrollen der Arbeitsbedingungen. Sie verleumden die Kontrollorgane, fantasieren von übermächtigen Gewerkschaften und wollen am Ende nichts anderes als freie Bahn für Profitmaximierung und Herr-im-Haus-Ideologie. Arbeitnehmerrechte, Mindestlöhne, vertragliche Regulierungen und unabhängige Gewerkschaften stören dabei nur.

So wird das Ziel dieser neuesten SVP-Offensive klar: Es geht gar nicht um volle Züge und teure Wohnungen. Daran ändert die Initiative nichts. Es geht um die Abschaffung der Personenfreizügigkeit. Die SVP will Migrant:innen diskriminieren und damit die Arbeitnehmenden in der Schweiz spalten und schwächen. Sie will die Flankierenden Massnahmen zur Personenfreizügigkeit loswerden, allgemeinverbindliche Gesamtarbeitsverträge, Lohnkontrollen und am liebsten die Gewerkschaften samt Arbeitnehmerrechten überhaupt.

Extrem und brandgefährlich

Der Schock sass tief, als es im Februar 2014 zum knappen Ja zur «Masseneinwanderungsinitiative» kam. Wir Gewerkschaften hatten im Vorfeld vehement auf diese Gefahr hingewiesen und auf die Notwendigkeit gepocht, den Lohnschutz weiter auszubauen. Wir spürten auf den Baustellen und in den Betrieben eine enorme Verunsicherung der Arbeitnehmenden. Um dieser entgegenzuwirken, brauchte es konkrete Verbesserungen beim Lohnschutz. Doch Arbeitgeber und Bundesrat schalteten auf stur. Die Gefährlichkeit der Initiative wurde von den Arbeitgeberverbänden und dem Bundesrat arg unterschätzt. Unsere Gewerkschaftskampagne unter dem Slogan «Ohne uns keine Schweiz» konnte die Niederlage nicht verhindern. Nur dank einem schlampig formulierten Initiativetext und kreativen Ideen in der praktischen Umsetzung konnte das Schlimmste – neue Diskriminierungen, die Schleifung des Personenfreizügigkeitsabkommens und der Zusammenbruch der Bilateralen Verträge – vermieden werden.

Mit einer Annahme der neuen SVP-Initiative wäre dieses Katastrophenszenario wieder auf dem Tisch. Kommt sie an der Urne durch, führt dies nicht nur zu einer Verschärfung der Asyl- und Migrationspolitik, sondern in absehbarer Zeit auch zum Ende der Personenfreizügigkeit und damit zum Ende unseres Lohnschutzes. Damit würde auch das ganze Bilaterale Vertragsgefüge mit der EU in sich zusammenstürzen. Die SVP nimmt dieses Risiko und die damit verbundenen Arbeitsplatzverluste trotz wachsender internationaler Spannungen und obwohl Trump einen Handelskrieg gegen die Schweiz führt in Kauf. Das zeigt, wie extrem und gefährlich diese Partei ist.

Extrem heisst leider nicht chancenlos. Bei Gewerkschaftsversammlungen fällt mir immer wieder auf, dass viele auf das Argument der «Nachhaltigkeit» ansprechen. Das ist nicht weiter verwunderlich, da Nachhaltigkeit genau wie Solidarität, Gleichheit, Gerechtigkeit, Demokratie, Freiheit und Frieden Grundwerte unserer Gewerkschaft sind, die unsere Identität bilden. Zudem sind die Problemfelder der überfüllten öffentlichen Verkehrsmittel oder der Staus und mehr noch die hohen Mieten und die Umweltprobleme real. Die verlogene SVP-Kampagne hat darum diesmal gute Chancen.

Es ist darum zentral, dass wir diese Kampagne frühzeitig kontern und die SVP demaskieren. Denn die SVP will keine Lösungen! Wie viele Male hat die SVP im Parlament konkrete Antworten auf die angesprochenen Probleme verhindert? Investitionen in den öffentlichen Verkehr und ein intelligentes Verkehrsmanagement, die das Problem der überfüllten Züge lösen können? Eine Bremse der Immobilienspekulation, die Verdichtung der Innenstädte und die Förderung des gemeinnützigen Wohnungsbaus sowie stärkere Mieterrechte, die das Problem des Mietpreiswuchers eindämmen könnten? Und die Verringerung der CO_2-Emissionen, mehr Energieeffizienz oder eine ökologische Landwirtschaft für mehr Nachhaltigkeit? All das können wir nicht mit der SVP, sondern nur gegen sie erreichen.

Wir haben den Abstimmungskampf aufgenommen. Wichtig ist es, auf der Strasse, in den Betrieben und überall nahe bei den Leuten zu sein und dabei konsequent die soziale Frage in den Mittelpunkt zu rücken. Denn eines ist klar: Die Rechte der Arbeitnehmenden müssen gestärkt und nicht geschwächt werden.

Daniel Lampart 113

Die Personenfreizügigkeit auf dem Prüfstand: Löhne, Arbeitsbedingungen und Arbeitslosigkeit in verschiedenen Migrationssystemen — Ein Vergleich

Spätestens seit die SVP ihre neuste Kündigungs-Initiative («Nachhaltigkeits-Initiative») eingereicht hat, ist die Diskussion über die Schweizer Migrationspolitik wieder lanciert. Doch was wäre denn die Alternative zum heutigen System mit Personenfreizügigkeit und Flankierenden Massnahmen? Ginge es den Arbeitnehmenden mit einem Punkte- oder Kontingentsystem besser? Oder wäre gar eine «Zuwanderungsabgabe» eine Alternative?

Bereits ein Vergleich der Einwanderungsstatistiken verschiedener Länder zeigt, dass die unterschiedlichen Zulassungssysteme zu keinen wesentlichen Unterschieden bei den Einwanderungszahlen führen. Diese Beobachtung bestätigte, im Rückblick auf die Schweizer Einwanderungsgeschichte, auch der frühere oberste Migrationsbeamte, Staatssekretär Mario Gattiker. Vor der Personenfreizügigkeit wurden «die Kontingente stets der Nachfrage auf dem Arbeitsmarkt angepasst, eine Begrenzung der Zuwanderung gab es nicht».[1] Mit den Zulassungssystemen

1 Neue Zürcher Zeitung am Sonntag vom 14. August 2018.

kann und muss jedoch die «Qualität» der Migration gesteuert werden – insbesondere die Arbeitsbedingungen, die Rechte in Bezug auf Aufenthalt und soziale Sicherheit sowie die Qualifikation. Hier schneidet die Personenfreizügigkeit in Verbindung mit einem wirksamen Lohnschutz besser ab als Kontingents- oder Punktesysteme, wie ein Vergleich zeigt.

Die Höhe der Einwanderung ist eine Folge der Wirtschaftslage, sowie der Internationalisierung der Wirtschaft und der Verbreitung des Internets bei der Stellensuche. Vor dem Jahr 2000 musste man lokale Zeitungen kaufen, um zu erfahren, welche Stellen ausgeschrieben sind. Nach dem Jahr 2000 hat sich der Stellenmarkt ins Internet verlagert, so dass die offenen Stellen weltweit sichtbar wurden. Die EU hat die Personenfreizügigkeit bereits 1993 eingeführt. Die Schweiz erst 2002/2004. Doch die Immigration ist in den Niederlanden und in Dänemark in den letzten 20 Jahren stärker gestiegen als in der Schweiz.

Abbildung 1: Einwanderung: Anteil an der Bevölkerung[2] (in Prozent)
Quellen: Bundesamt für Statistik, Statistics Netherlands, Statbank

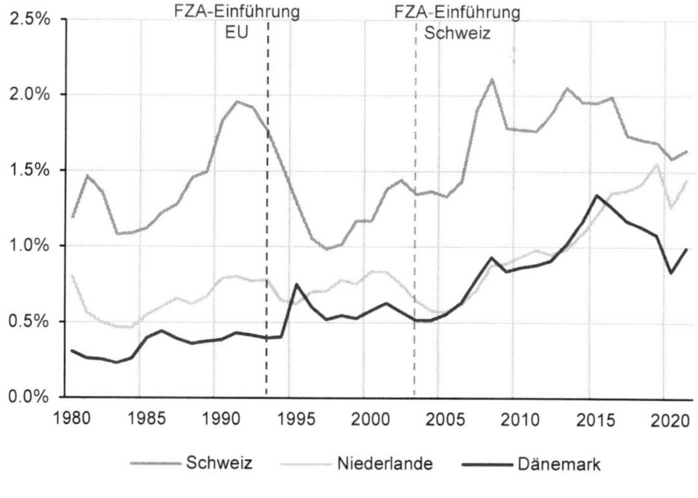

2 Die Daten werden nur bis 2021 – vor dem Ukrainekrieg – dargestellt. Die ausserordentlichen Flüchtlingsbewegungen aus der Ukraine prägen die Daten je nach Land stark.

Vor der Industrialisierung war die Schweiz ein Auswanderungsland. Aus wirtschaftlichen Gründen verliessen viele ihre Heimat, um in Amerika eine bessere Existenz aufzubauen. Das änderte sich ab Mitte des 19. Jahrhunderts. Neben Flüchtlingen kamen zunehmend Arbeitsmigrant:innen in die Schweiz. Der Ausländeranteil verfünffachte sich bis ins Jahr 1910 von knapp 3 auf über 15 Prozent.[3]

In Städten wie Zürich oder Basel war der Anteil der Einwohner:innen ohne Schweizer Pass zu Beginn des 19. Jahrhunderts sogar höher als im Jahr 2020. In Genf war er leicht tiefer. Mit den beiden Weltkriegen und den wirtschaftlichen Problemen in der Zwischenkriegszeit kehrte sich die Entwicklung dann um. Erst der Nachkriegsboom ab den 1950er-Jahren zog wieder mehr Leute ins Land.

Abbildung 2: Ausländer:innenanteil in Zürich (oben) und Basel (unten) (in Prozent)
Quelle: Bundesamt für Statistik

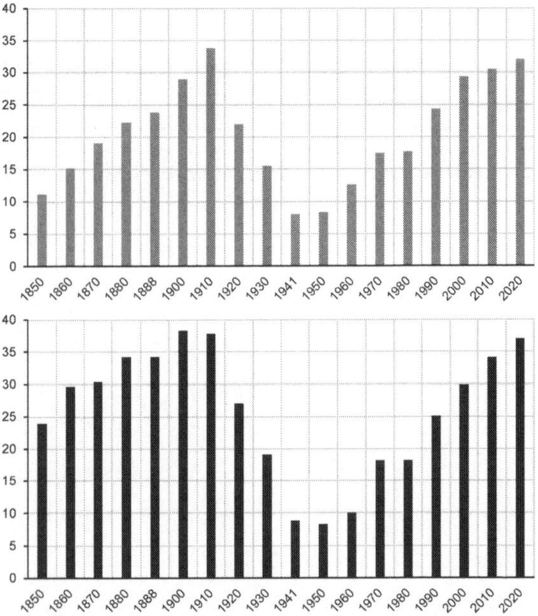

3 Siehe z. B. A. Holenstein/P. Kury/K. Schulz. Schweizer Migrationsgeschichte. Hier und Jetzt Verlag, Zürich 2018.

Alternativen zur Personenfreizügigkeit im Vergleich: Arbeitsbedingungen, Migration, soziale Sicherheit

Ländervergleiche und historische Statistiken zeigen, dass die Höhe der Einwanderung vor allem von der Wirtschaftslage und der Internationalisierung der Wirtschaft abhängt. Die Art des Zulassungssystems spielt eine unwesentliche Rolle. Doch das Zulassungsregime hat vor allem einen qualitativen Einfluss – namentlich auf die Integration in den Arbeitsmarkt und in die Gesellschaft, auf die Löhne sowie auf die Arbeitsbedingungen.

Kontingente – viele negative Erfahrungen der Schweiz

Die Geschichte des Schweizer Kontingentsystems ist ein jahrzehntelanger, schliesslich gescheiterter Versuch, die Einwanderung über Höchstzahlen und weitere Auflagen zu regulieren, bis die Schweiz es schliesslich in den 2000er-Jahren weitgehend aufgab und durch die Personenfreizügigkeit und die Flankierenden Massnahmen ersetzte.[4]

Das Schweizer Kontingentsystem beschränkte die Einwanderung nicht, wie bereits das Zitat von Alt-Staatssekretär Gattiker in der Einleitung zeigt. In Zeiten tiefer Arbeitslosigkeit und Arbeitskräftemangel lobbyierten die Arbeitgeber für höhere Kontingente oder sie wichen den Kontingenten aus – über Kurzaufenthalte und Grenzgänger:innen oder über Schwarzarbeit. In der Hochkonjunktur der späten 1980er-Jahre erhöhte der Bundesrat die Kontingente für Jahresaufenthalte auf Druck der Arbeitgeber.[5]

4 Siehe z. B. P. Vasco: Von der Kontingentierungspolitik zur Personenfreizügigkeit, Gewerkschaftliche Migrationspolitik im Wettlauf gegen Diskriminierungen und Lohndumping, Bern 2018, https://unia.ch/fileadmin/user_upload/Schwerpunkte/Personenfreizuegigkeit-FlaM/Von-der-Kontingentierungspolitik-zur-Personenfreiz%C3%BCgigkeiteit.pdf.

5 «A la fin des années huitante, la bonne conjoncture s'affirme et le Conseil fédéral cède progressivement à la pression des milieux économiques» (E. Piguet/H. Mahnig,

Abbildung 3: Jahresaufenthalte: Freigegebene Höchstzahlen
Quelle: Staatssekretariat für Migration

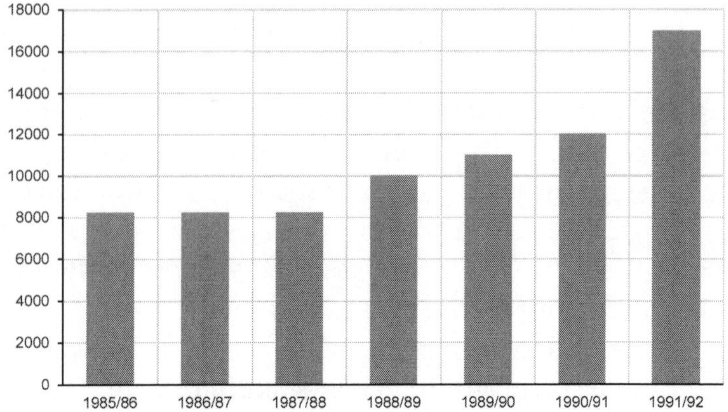

Abbildung 4: Aufenthaltsbewilligungen B und L für EU-8-Staatsangehörige
(Periode mit Ventilklausel für Kategorie B in beige)
Quelle: Seco, Staatssekretariat für Migration

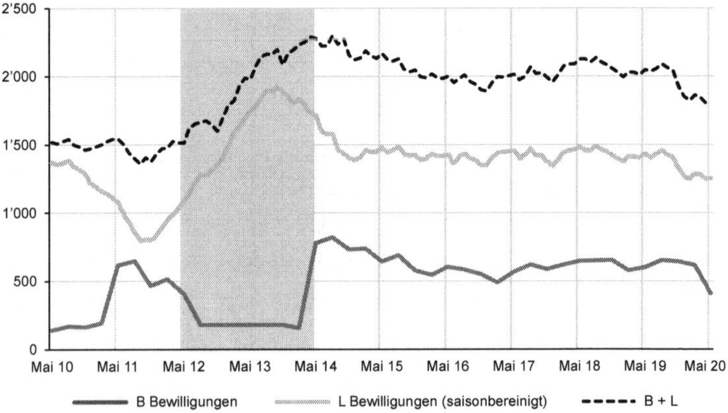

Im Mai 2012 beschränkte der Bundesrat über die damalige «Ventilklausel» die Daueraufenthalte (B-Bewilligungen) von Personen aus der EU-8. Unternehmen wichen daraufhin auf Kurzaufenthaltsbewilligungen (L-Bewilligungen) aus und stellten die Arbeitskräfte aus den betroffenen Ländern vermehrt mit befristeten Verträgen ein. Dies zeigt

Quotas d'immigration: l'expérience suisse, Genf 2000, www.ilo.org/sites/default/files/wcmsp5/groups/public/%40ed_protect/%40protrav/%40migrant/documents/publication/wcms_201888.pdf).

sich in der Grafik (Abbildung 4): Während die Zahl der B-Bewilligungen abfiel, stiegen die L-Bewilligungen zur gleichen Zeit deutlich an und sanken erst nach Wiedereinführung der vollen Personenfreizügigkeit Mitte 2014 wieder. Die Gesamtsumme aus B- und L-Bewilligungen ging durch die Ventilklausel jedoch nicht zurück. Zudem gab es teilweise auch mehr Grenzgänger:innen.

Schwarzarbeit war vor der Personenfreizügigkeit leider eine verbreitete Realität.[6] Viele Firmen haben ausländische Arbeitskräfte illegal beschäftigt, um die Kontingente zu umgehen. Schätzungen gehen von 120.000 bis 180.000 Schwarzarbeiter:innen im Jahr 1990 aus.[7] Die Einwanderungsstatistiken zur Zeit des Kontingentsystems unterschätzen dementsprechend die effektive Einwanderung. Die Schwarzarbeit wurde von den Behörden in erschreckendem Ausmass toleriert.

Zeitzeug:innen schildern, dass sich die schwarz angestellten landwirtschaftlichen Hilfsarbeiter:innen am Sonntag in den Dörfern teilweise in Anwesenheit der Dorfpolizei im Restaurant trafen. Zahlreiche Firmen haben sich straflos über die Höchstzahlen und Kontingente hinweggesetzt. Neben der Landwirtschaft gab es vor allem auch im Bau- und Ausbaugewerbe sowie im Gastgewerbe viel Schwarzarbeit.

Im Kontingentsystem waren nicht nur die Aufenthalte befristet – bei Kurzaufenthalten in der Regel auf eine Saison, bei den Jahresaufenthalten auf ein Jahr –, sondern auch die damit verbundenen Arbeitsverträge. Zusätzlich waren die Aufenthalte meist an eine Stelle gebunden. Die Arbeitnehmenden konnten die Stelle nicht wechseln,

6 Vgl. auch D. Lampart/F. Bender: Unmenschlich und wirtschaftlich schädlich. Fakten zum alten Kontingentssystem, hrsg. vom Schweizerischen Gewerkschaftsbund, Oktober 2016, www.sgb.ch/fileadmin/redaktion/docs/brochures/Unmenschlich-und-wirtschaftlich-schaedlich_Schwarzbuch_Kontingentssystem_web.pdf.

7 Vgl. V. Pedrina: Von der Kontingentierungspolitik zur Personenfreizügigkeit, S. 29.

ohne die Bewilligung zu gefährden. Die Arbeitgeber sassen am längeren Hebel. Missbräuche bei den Löhnen und den Arbeitsbedingungen waren leider verbreitet. Dazu kam, dass die Löhne und die Arbeitsbedingungen vor Ort in der Regel kaum kontrolliert wurden. Das gab es erst mit den Flankierenden Massnahmen.[8]

Abbildung 5: Statistisch nicht erklärbarer Lohnrückstand von Ausländer:innen (gegenüber Schweizer:innen in Prozent)
Quellen: 1996: A. de Coulon/J.-M. Falter/Y. Flückiger/J. Ramirez, Analyse des différences de salaires entre population suisse et étrangère, in H.-R. Wicker/R. Fibbi/W. Haug (Hrsg.), Les migrations et la Suisse, Zürich 2003, S. 263–288; 2018: Bundesamt für Statistik, Seco

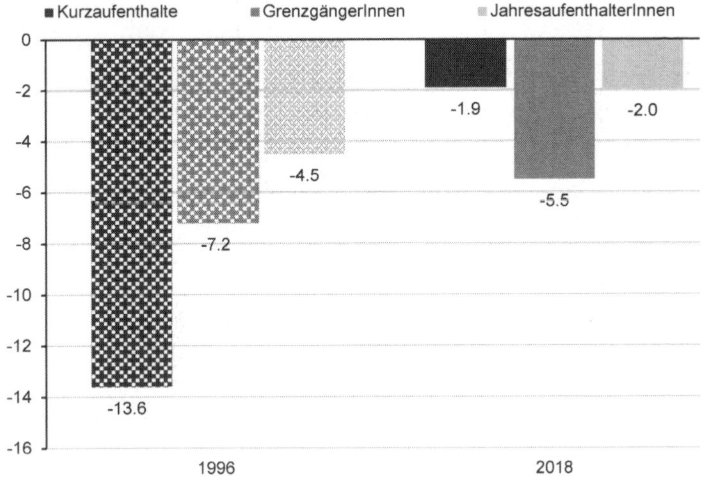

Das Kontingentsystem ging vor allem in den früheren Jahren von der falschen Annahme aus, dass die Arbeitskräfte nur vorübergehend hier sind. Dementsprechend war die Integration der Arbeitskräfte in der Schweiz oder der Spracherwerb kein prioritäres Thema. Das erwies sich im Laufe der Zeit als Bumerang. Viele, die ab 50 Jahren nicht mehr körperlich arbeiten konnten, fanden infolge der ungenügenden Sprachkenntnisse und Ausbildungen

8 Vgl. auch K. Schüpbach: Zwischen Marktmacht und Arbeitsrechten: Die Auswirkungen des Saisonnierstatuts für die Löhne von Migrant:innen, 27. September 2023, https://www.research-collection.ethz.ch/server/api/core/bitstreams/690fcb05-8cb8-4084-a4d8-bdb28d11fc69/content.

nur schwer in einem anderen Beruf eine Arbeit. Sie landeten in der IV. Mit der besseren Integration ins Berufsleben hat sich das geändert.

Das Saisonnierstatut war zudem unattraktiv für gut ausgebildete Berufsleute. Die Kontingente gingen zu einem grossen Teil an Branchen wie den Bau, die Landwirtschaft oder das Gastgewerbe. Die Auswirkungen auf die Produktivität waren negativ.[9]

Punktesysteme: Kanada, Australien, Post-Brexit-UK

Länder wie Kanada oder Australien arbeiten bei der Zulassung von Daueraufenthalter:innen seit Jahrzehnten mit Punktesystemen.[10] Das Vereinigte Königreich löste die Personenfreizügigkeit im Jahr 2020 nach dem Brexit durch ein punktebasiertes System ab. In der Praxis werden die Systeme laufend angepasst und aufgeweicht, um einigermassen mit den wirtschaftlichen und gesellschaftlichen Realitäten Schritt zu halten. Ein «reines» Punktesystem gibt in keinem dieser Länder.

Punktesysteme versuchen, insbesondere Hochschulabsolvent:innen anzuziehen. In Kanada haben beispielsweise rund 60 Prozent der Eingewanderten einen Tertiärabschluss. Doch das garantiert noch keinen Job und auch keinen Job, der zur Ausbildung passt. Viele junge Menschen sind überqualifiziert für ihre effektive Tätigkeit. Es gibt zahlreiche Beispiele, wo Ärzt:innen Taxi fahren oder Akademiker:innen Pizzas ausliefern. In Kanada arbeiten etwas über 40 Prozent der in letzter Zeit eingewanderten Akademiker:innen in Stellen, die einen Hochschulabschluss brauchen. In der Schweiz ist diese Zahl viel höher. Viele eingewanderte Fachkräfte in Kanada und Australien verdienen denn auch deutlich weniger als Inländer:innen.

9 Vgl. E. Piguet: L'immigration en Suisse depuis 1948, Zürich 2005, S. 37.
10 Kanada seit 1967, Australien seit den 1980er-Jahren.

Während diese Zahlen auf Schwierigkeiten der qualifikationsgerechten Integration sowie auf einen fehlenden Lohnschutz hinweisen, verdienen Eingewanderte in der Schweiz oft gleich viel wie Inländer:innen.

Abbildung 6: Anteil eingewanderter Hochschulabsolvent:innen mit entsprechender Arbeitsstelle (in Prozent, 2021)
Quelle: OECD, invertiert aus «overqualification rate»

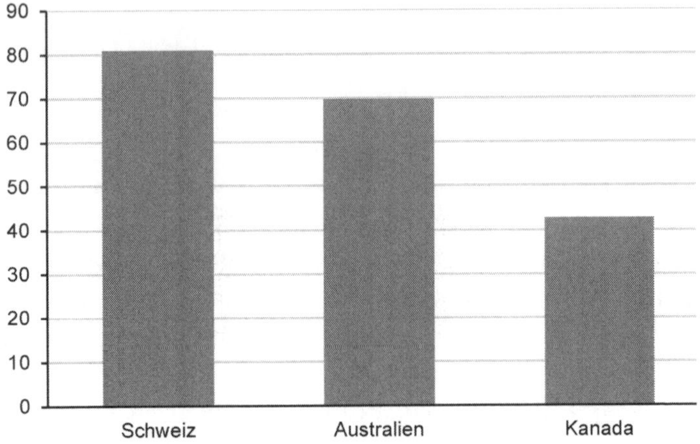

Australien und Kanada haben aufgrund der unzureichenden Arbeitsmarktergebnisse ihre Einwanderungssysteme in der jüngsten Vergangenheit stärker an der Arbeitsnachfrage ausgerichtet. Diese Entwicklung kann als indirektes Zugeständnis an das Modell der Personenfreizügigkeit gesehen werden.

Ein aktuelles Beispiel für die Herausforderungen eines Punktesystems liefert das Vereinigte Königreich. Nach dem Brexit führte das Land ein neues Migrationssystem ein, um die Einwanderung gezielter steuern zu können. Doch entgegen der politischen Rhetorik explodierten die Einwanderungszahlen nach der Pandemie, diesmal verstärkt mit Zuzüger:innen aus weiter entfernten Ländern, welche oft noch stärker dem Druck der Arbeitgeber ausgesetzt sind. Um diesem Trend entgegenzuwirken, setzt die britische Regierung zur Begrenzung der Migration nun unter anderem vermehrt auf erhöhte Mindestlohnvorgaben. So wurden im Frühling 2024 die erforderlichen Löhne für den Erhalt einer Arbeitsbewilligung und für den Familiennachzug deutlich angehoben.

Zuwanderungsabgabe

Wirtschaftsliberale Ökonom:innen forderten in den letzten Jahren eine «Zuwanderungsabgabe». Wer in die Schweiz einwandern möchte, solle also eine Gebühr bezahlen.

Bei der Einführung einer solchen Abgabe stellen sich sehr viele Fragen. Ist sie einmalig oder laufend? Ist sie für alle gleich hoch oder zahlen Banken mehr als Bauern? Wird sie vom Arbeitgeber oder von den Arbeitnehmenden bezahlt? Viele ungeklärte Punkte stünden erst am Anfang eines langwierigen und komplizierten Prozesses, bei dem ständig nachjustiert werden müsste.

In Singapur wollte man bereits Anfang der 1980er-Jahre die Abhängigkeit von Arbeitskräften aus dem Ausland mit einer Abgabe reduzieren. Das langfristige Ziel war klar: Bis 1991 sollte die Wirtschaft ausschliesslich mit einheimischen Arbeitskräften laufen. Doch anstatt dafür die Abgabe konsequent zu erhöhen, gab die Regierung dem Druck der Unternehmen immer wieder nach und senkte sie sogar in Wirtschaftskrisen. Das ursprüngliche Ziel wurde in der Folge klar verfehlt: Statt weniger kamen immer mehr ausländische Arbeitskräfte nach Singapur.

Erreicht wurde stattdessen einzig eine immer grösser werdende Komplexität: Heute gibt es für fast jede Branche eigene Regeln, verschiedene Abgaben je nach Qualifikationsniveau der Arbeiter:innen und zusätzlich höhere Abgaben für Firmen, die viele ausländische Beschäftigte haben. Letzteres hat nicht nur den Verwaltungsaufwand enorm erhöht, sondern auch ein regelrechtes System von Umgehungstricks geschaffen.

Kriminelle Gruppen gründen Scheinfirmen, um mit erfundenen einheimischen «Phantom-Arbeitern» zusätzliche ausländische Arbeitskräfte billiger ins Land zu holen und illegal einzusetzen. Ausserdem wird angenommen, dass mittlerweile ein grosser Teil der Abgabe in Form von tieferen Löhnen oder erfundenen Abzügen auf die Arbeiter:innen abgewälzt wird.

Auch in der Schweiz dürfte eine Zuwanderungsabgabe zahlreiche Probleme verursachen. Weil die Anstellung einer Arbeitskraft aus dem Ausland plötzlich etwas kostet, würden zahlreiche Arbeitgeber ihr Personal wieder schwarz beschäftigen. Falls beim Familiennachzug höhere Abgaben fällig wären, könnte es wieder Anreize geben, Ehepartner:innen oder Kinder nicht zu deklarieren oder zu verstecken – wie unter dem früheren Kontingentsystem. Dazu kämen andere Probleme: Wäre etwa eine einmalige Eintrittsgebühr bei der Einreise vorgesehen, würden wohl weniger Leute wieder ausreisen – denn wer erst einmal bezahlt hat, möchte das Geld sicher nicht verlieren. Oder was passiert, wenn die Gebühr vom Arbeitgeber gezahlt wurde, der Arbeitnehmer aber später die Stelle wechseln oder das Land verlassen will? Bekommt die Firma dann das Geld zurück? Wenn verschiedene Branchen unterschiedliche Beträge zahlen müssten, könnten Bauern plötzlich Bankangestellte einstellen und sie nach kurzer Übergangszeit gegen eine Prämie an Banken weitergeben. Diese Überlegungen könnten noch lange weitergeführt werden, aber die Erkenntnis ist klar: Die Einführung einer Zuwanderungsabgabe ist in der Umsetzung kompliziert und die bisher international gemachten Erfahrungen sind schlecht.

Fazit

Ein Vergleich der verschiedenen Migrationssysteme zeigt, dass die Personenfreizügigkeit in Verbindung mit wirksamen Flankierenden Massnahmen überlegen ist. Die Nähe zum Arbeitsmarkt, sichere und gute Aufenthaltsrechte sowie ein wirksamer Lohnschutz führen dazu, dass die Arbeitslosigkeit und der Lohndruck vergleichsweise tiefer sind. Die Integration in Gesellschaft und Wirtschaft funktioniert besser. Die Personenfreizügigkeit ist ein dezentrales System, in dem der Staat wenig Einfluss nimmt, wer in welcher Branche arbeitet. Er überwacht im Wesentlichen nur die Arbeitsbedingungen. Zentrale staatliche Systeme wie das Kontingent- oder das Punktesystem führen hingegen zu Fehlallokationen und zu schlechteren Aufenthalts- und Arbeitsbedingungen. Die Höhe der Einwanderung ist hingegen in allen Systemen weitgehend gleich.

Sabrina
Stallone

«Dichte ist politisch»: Ein Gespräch mit Gabriela Debrunner zu Raum, Verdichtung und deren Instrumentalisierung

Wenn die SVP das Thema Zuwanderung instrumentalisiert, dann nimmt ihre Bildsprache oft die Gestalt einer verdichteten Schweiz an: düstere, alles überschattende Hochhäuser, volle Trams, überlastete Infrastrukturen oder üppige Körperteile, die eine zweidimensional erscheinende Schweiz erdrücken. Im Jahr 2020 kam die Begrenzungsinitiative an die Urne, und mit ihr die Warnung: «Es wird eng!». Allerdings lehnten 61,7 Prozent der Stimmbevölkerung die Initiative ab. Doch in den Folgejahren – geprägt von einer Pandemie und der anhaltenden Wohnungskrise – blieb diese Mahnung in der Luft hängen und mit ihr ein Echo der «Dichtestress»-Beschwörungen, die seit 2014, als die Masseneinwanderungsinitiative und ECOPOP den Begriff popularisierten, immer wieder den öffentlichen Diskurs in der Schweiz prägen.

Dichtestress, ein Begriff, der ursprünglich in der Psychologie-Ratgeberliteratur zu verorten ist, hat sich im deutschsprachigen Raum und speziell in der Schweiz als politisches Gefühl verankert. Der Begriff macht Urbanisierungsprozesse, unter anderem die Verdichtung, verantwortlich für den Verlust von Lebensqualität und sogar von einem essenziellen Heimatgefühl. Er wird so zu einem Kampfbegriff, der Nähe und Distanz, «wir» und «sie», «heimisch» und «fremd» definieren und gegeneinander ausspielen möchte.

Die sogenannte Nachhaltigkeitsinitiative nennt die «Zubetonierung» der Schweiz und deren grün-ideologische «Denaturierung» als Gründe für die Dringlichkeit ihrer Annahme. Die ersten Bilder dazu, die während der Nationalratswahlen 2023 zirkulierten, zeigten glückliche Kernfamilien auf Bergwanderungen und, im Kontrast dazu, anonyme Massen, die sich durch Bahnhofshallen drängen. Laut dieser Bilder ist die Schweiz, vor der die SVP warnt, eine urbane und dichtere Schweiz. Gleichzeitig polemisiert die Partei gegen Vorlagen, die Planungsprozesse verlangsamen und zum Beispiel das Recht von Anwohner:innen schützen, Rekurs zu erheben. So meinte SVP-Nationalrat und Hauseigentümerverband-Präsident Gregor Rutz in einem Streitgespräch mit Jacqueline Badran zu den Mietrechtsabstimmungen Ende 2024, Bauen sei bei all diesen Auflagen kaum mehr möglich. Wie solle man denn da noch verdichten?[1]

Diese ambivalente Instrumentalisierung wirft Fragen auf: Wie verstehen wir die Verdichtung und wie wird sie uns erzählt? Wer «verursacht» sie und wer spürt sie am meisten? Die Geografin und Stadtplanerin Gabriela Debrunner hat im Rahmen zahlreicher Studien die raumplanerische Perspektive dieser Themen erforscht. Für sie ist klar: Dichte und Verdichtung sind nicht dasselbe, sie gehören definiert und politisiert – nicht zuletzt, um deren Instrumentalisierung in der Politik zu entkräften. Als

1 I. Städler/K. Stähelin: «Niemand verliert sein Zuhause» – «Du bist so listig», Streitgespräch über das Mietrecht zwischen Gregor Rutz und Jacqueline Badran, Tagesanzeiger vom 8. November 2024, https://www.tagesanzeiger.ch/mietvorlage-abstimmung-vom-24-november-streitgespraech-mit-badran-und-rutz-178879909131.

Sozialanthropologin habe ich mich im Rahmen meiner Forschung zu Zukunftsszenarien in der Stadtentwicklung auch mit diesen Themen auseinandergesetzt, mit einem besonderen Augenmerk auf Wachstum und Verdichtung als Imaginarien, die politisch instrumentalisiert werden. Im Gespräch diskutieren wir, wie Dichte in der Raumplanung definiert wird – oder eben nicht –, wie sie in der Öffentlichkeit wahrgenommen wird und wie wir sie in der Schweiz neu denken könnten.

Sabrina Stallone: Gabriela, du beschäftigst dich in deiner Arbeit mit den sozialen Folgen der Verdichtung. Statt diese nur auf eine architektonische und technische Weise zu betrachten, willst du die Verdichtung auch politisieren – so schreibst du in deinem Buch «The Business of Densification» (Palgrave Macmillan, 2023) und in zahlreichen anderen Publikationen zum Thema. Aktuell wird die Verdichtung von gewissen Personen als Chance und von anderen als Gefahr gesehen. Wieso ist das so?

Gabriela Debrunner: Historisch betrachtet hat das Bild der Verdichtung als Gefahr viel damit zu tun, dass die Schweiz sehr ländlich geprägt ist: Die längste Zeit waren wir ein Bauernstaat. Und dies nicht nur wirtschaftlich oder kulturell, sondern auch rechtlich gesehen. Es gab schon früh Naturschutz – viele unserer Gesetzgebungen wurden zum Schutz der Landschaft erlassen, wie zum Beispiel das Waldgesetz als eines der ersten Schutzgesetze der Schweiz. Die «Bauernstaat-Interessen» haben immer viel gezählt und zählen immer noch, siehe Einfluss der Landwirtschaftslobby im Parlament. Verdichtung wird aufgrund dieser historischen Bedeutung immer als ein Angriff auf die Landschaft wahrgenommen.

S: Und dies hat mit der eigentlichen Verdichtung nichts zu tun?

G: In diesen Gesetzgebungen und den politischen Debatten drum herum wird eigentlich nie darüber gesprochen, was Verdichtung eigentlich genau für ein Begriff ist – oder was er auf einer Prozessebene bedeutet. Zumindest nehme ich das im Diskurs nicht so wahr. Verdichtung wird stattdessen häufig wahlweise als Synonym für Verstädterung, Gedrängtheit und Schutz vor Zersiedelung verwendet. Eigentlich wird er verstanden als: Wir wachsen als Gesellschaft in die geschützte Landschaft hinein – und davor hat man Angst. Zudem: Verdichtung ist auch nicht gleich Dichte. Das sind zwei Konzepte, die man unterscheiden muss. Verdichtung würde ich als soziopolitischen Prozess bezeichnen. Es geht dabei darum, wie wir weniger natürliche Ressourcen pro Kopf, also zum Beispiel Wohnraum, Energie, auf gleicher Bodenfläche verbrauchen – und wie wir die Umsetzung soziopolitisch verhandeln, das heisst, wer, wie und wann für die Umsetzung dieses Ziels verantwortlich ist und welche Rolle dabei gemeinsam definierte Regeln in Gesetzen spielen. Architekt:innen würden hingegen sagen, Verdichtung ist ein baulicher Prozess. So oder so bedeutet er immer, dass eine Veränderung im Gang ist. Dichte hingegen ist ein End- oder Anfangszustand: Sie ist eine Art Messgrösse, die angibt, wie viele Personen auf gleicher Fläche wohnen, zum Beispiel in einer Stadt oder in einer Wohnung. In jedem Fall also etwas Statisches und Messbares.

S: Und was ist mit denen, welche die Verdichtung als Chance sehen?

G: Ich denke, die sehen vor allem den innovativen, treibenden Charakter hinter der Verdichtung. Sie bedeutet dann: es wird etwas gebaut, es verändert sich, es gibt mehr Personen und vielleicht auch mehr Angebote am selben Ort – und das ist dann eine Chance. Das ist jetzt alles sehr plakativ und nicht evidenzbasiert. Dennoch denke ich, ist es wichtig, auch dieses Narrativ expliziter zu machen: Verdichtung als Chance wird häufig von wirtschaftsliberaler Seite instrumentalisiert. Diese fordert den Bau von möglichst vielen neuen Wohnungen durch Verdichtung bei gleichzeitig minimalen staatlichen Eingriffen. Nur so könne die Wohnungskrise bewältigt werden. Verdichtung als Chance wird dabei unter dem Deckmantel einer Chance für Investitionen, rasche Gewinne, Eigentumsfreiheit und Wirtschaftswachstum gepusht. Schaut man aber nach Houston oder Shanghai, wo ganz andere Dichten bei gleichzeitig wenig Regeln umgesetzt werden, ist dort die Wohnungskrise noch viel heftiger als bei uns. Probleme werden dadurch alles andere als gelöst. Ich finde es deshalb wichtig klarzustellen, dass beide Narrative – also Verdichtung als Gefahr und Verdichtung als Chance – nicht eins zu eins der Realität entsprechen. Verdichtung ist komplex. Das wollen viele nicht hören – aber sie muss in ihrer Komplexität ernst genommen und auch entsprechend angegangen werden, wenn man wirklich nachhaltige Lösungen finden will.

S: «Die Zersiedelung der Landschaft» und «ein haushälterischer Umgang mit dem Boden», das sind Formulierungen, die direkt aus dem Raumplanungsgesetz (RPG) stammen, das 1980 rechtskräftig und dann 2014 revidiert wurde. Mein Eindruck ist, dass diese Begrifflichkeiten den Schweizer Umgang mit Dichte enorm beeinflussen – dass sie eine gewisse «Urbaphobie» der Schweiz von damals abbilden und diese auch heute prägen. Teilst du diese Ansicht? Und hat sich mit der Revision 2014 etwas an der rechtlichen Definition von Dichte und Verdichtung geändert?

G: Also, spannend ist ja erst mal, dass die Schweiz im internationalen Vergleich nach wie vor ein sehr junges Raumplanungsgesetz hat. Erst als das RPG 1980 rechtskräftig wurde, begannen wir, den Schweizer Boden in Bauland und Nicht-Bauland einzuteilen. Bevor sie urbaphob ist, ist die Schweiz aber vielleicht eher eigentums- und freiheitsliebend. Das Raumplanungsgesetz an sich ist ein öffentliches Rechtsinstrument: Man gibt dem Staat die Möglichkeit, plötzlich in die Bodenrechte der «natürlichen Privatperson» einzugreifen. Das wissen viele vielleicht nicht, aber man konnte 1980 das Raumplanungsgesetz nur einführen, indem man das Eigentumsrecht stärkte – sowohl in der Bundesverfassung als auch im ZGB.

S: Wirklich? Ich hatte mal vor ein paar Jahren im Sozialarchiv nach Gegenstimmen zur RPG-Abstimmung 1979 recherchiert. Darin wurde den Befürwortenden unter anderem «technokratische Planungsgläubigkeit» vorgeworfen; Gegner:innen argumentierten, dass die Dringlichkeit dieses Gesetzes auf bereits «veraltete» Prognosen einer 10-Millionen-Schweiz gestützt wurde, welche noch aus dem Wachstumsboom der 1960er-Jahre stammten. In einer Schweiz nach der Ölkrise sah die Opposition solche Prognosen als fehlgeleitet und somit auch keine Notwendigkeit mehr für so ein Gesetz … Aus heutiger Perspektive in Bezug auf das Wachstum schon spannend. Aber davon abgesehen und wichtiger für deine Aussage zum Eigentumsrecht, stand im Gegenargumentarium tatsächlich auch etwas darüber, dass das RPG die «Aushöhlung des Eigentumsgedankens» bedeuten würde, und zwar wegen der

«Aberkennung der Baufreiheit». Die Gegenstimmen glaubten also, Eigentum könne durch das RPG und die darin verankerte Verdichtung angegriffen werden.

G: Man hatte einfach Angst davor, dass die individuelle Freiheit durch dieses Gesetz angegriffen werden könnte. Das ist eben auch eine sehr schweizerische Eigenheit. Die Eigentumsrechte haben einen sehr hohen Identitäts- und Charakterwert und man will partout nicht, dass der Staat darin eingreift. Tatsächlich kam es gemäss heutiger Schweizer Rechtsprechung noch nie zu einer Enteignung im Wohnbereich. Enteignet wird für Infrastrukturprojekte – Eisenbahnlinien, zum Beispiel, aber bis anhin noch nie für das zivilgesellschaftliche Grundbedürfnis nach Wohnen. Gemeinden können über die kommunale Bau- und Zonenordnung die Eigentumsfreiheit zwar einschränken, zum Beispiel indem sie vorschreiben, wie, wo und wie hoch gebaut werden darf. Aber es sind immer noch die Eigentümer:innen selbst, die entscheiden, ob überhaupt gebaut wird und wann der Baustart ist. Zudem gilt: Schränkt die Gemeinde die Eigentumsfreiheit des Einzelnen zu stark ein, sagen wir mal durch Rück- oder Auszonungen, muss sie vollumfängliche Entschädigung zahlen. Nur durch diese zeitgleiche Stärkung des Rechts auf Privateigentum kam das RPG durch. 2014 gab es wie erwähnt die erste Revision und dort kam es zu einem inhaltlichen Fortschritt. Die «Siedlungsentwicklung nach innen» wurde rechtlich festgelegt, sowie das Vorhaben, «kompakte Siedlungen» zu schaffen.

S: Wie meinst du das, «nur inhaltlich»?

G: Eben ohne im Gesetz genau zu definieren, was «Siedlungsentwicklung nach innen» genau bedeutet. Man hat also in der RPG-Revision nirgends im Detail definiert, was eine kompakte Siedlung ist. Dennoch war es eine inhaltliche Neuausrichtung, durch welche der ganze Diskurs rund um Verdichtung verändert wurde. Siedlungsentwicklung nach innen ist nun ein Gesetz – schon wieder eine Schweizer Eigenheit. Sonst in Europa gibt es das nirgends, da werden eher Ziele formuliert, wie zum Beispiel das «no net land take» der EU, das für einen ressourceneffizienten Umgang mit Boden in Urbanisierungsprozessen plädiert. Dadurch, dass wir mit dem RPG für eine gesetzliche Verankerung dieser Ziele gestimmt haben – ohne zu wissen, was das genau bedeutet –, erhält die Verdichtung bei uns eine ganz andere politische Dimension als anderswo.

Und über die Jahre ist dann auch vergessen gegangen, woher der Ruf nach Verdichtung ursprünglich kam: Zersiedelung war in den 1970er-Jahren weltweit ein grosses Thema. In den Umweltwissenschaften wurden dann Konzepte wie die der «compact city» und «dense city» entwickelt. Verdichtung ist also eigentlich ein ökologisches Unterfangen, das einen sparsamen Umgang mit natürlichen und somit auch baulichen Ressourcen voraussetzt. Das ist aber in einer profitorientierten Urbanisierung oft nicht möglich: Eine grössere, höhere Gebäudehülle hinzustellen, im schlimmsten Fall nachdem man eine vorher dastehende abgerissen hat, hat mit dem ökologischen Wert von Verdichtung dann wenig zu tun. Denn Verdichtung – wie vorher erwähnt – bedeutet eben auch Investitionsmöglichkeiten. «Abriss und Neubau» ist eine Logik, die für Banken, Versicherungen oder Pensionskassen zu sicheren und lukrativen Anlagen führt.

Und eine andere Verzerrung, die zum Beispiel die SVP sehr manipulativ als Dauerstrategie einsetzt, ist: Verdichtung gleich Zuwanderung gleich schlecht. Es war schon bei der Abstimmung zum Raumplanungsgesetz

1979 immer so geworben worden: Man hat überall auf Plakate riesige Hochhäuser gepackt und daruntergeschrieben: nein zur Überfremdung.

S: Eine wichtige Erkenntnis aus meiner Feldforschung war, dass diese Strategie nicht nur bei der SVP funktioniert, sondern dass sie auch andere Sphären der Gesellschaft, eben ausserhalb der rechten Politik enorm effizient zu erreichen vermag. Es gibt nämlich auch zivilgesellschaftliche, aktivistische oder mediale Diskurse und Initiativen, welche die Verdichtung populistisch behandeln – und deren erlebte Wahrnehmung als Angst instrumentalisieren. Ich erinnere mich an eine Dialogveranstaltung eines zwar konservativ aufgestellten, aber offiziell «politisch neutralen» Vereins, die Ende 2020 zum Thema der demokratischen Partizipation in Wachstums- und Verdichtungsdebatten stattfand. Da wurde das Sorgenbarometer 2019 der Credit Suisse zitiert, und zwar behauptete der Speaker, dass darin «Bevölkerungszuwachs und Dichtestress» auf Platz drei der Hauptsorgen der Schweizer Bürger:innen landete. Als ich dann nach der Veranstaltung im Sorgenbarometer nachschaute, sah ich, dass statt irgendwas über Verdichtung einfach der Begriff «Ausländer» auf Platz drei stand. Und das fand ich sehr, sehr spannend, weil genau die Vermischung, die du ansprichst, so offensichtlich passierte. Und eben nicht nur in der SVP-Politik, sondern auch in anderen Bereichen der Öffentlichkeit.

G: Ich glaube, man muss wirklich aufpassen, dass man diese Diskurse trennt. Von mir aus gesehen hat Verdichtung nichts mit Zuwanderung zu tun. Ich wüsste nicht, wo.

S: Was mich an solchen zivilgesellschaftlichen Anlässen auch immer wieder fasziniert hat, war, dass Verdichtung und Wachstum auch mit einem Verlust von demokratischen Rechten gleichgesetzt wurden. Also eine der Ängste ist ja, dass die direktdemokratische Kultur der Schweiz durch Bevölkerungswachstum gefährdet werden könnte. Was hältst du von der Aussage, dass eine verdichtete Schweiz auch eine undemokratischere Schweiz ist?

G: Lustig, dass du das jetzt fragst, denn wir haben eine neue Studie, die bald zu genau diesem Thema rauskommt. Im Rahmen des SNF-Projekts «Densifying Switzerland» haben wir von allen 162 Gemeinden, die in der Schweiz statistisch als Stadt gelten die lokalen Abstimmungsresultate der letzten 20 Jahre zu raumplanerischen Themen ausgewertet, von Basel bis La-Chaux-de-Fonds, Flawil bis Opfikon. Verdichtung ist ein Thema, worüber viel abgestimmt wird; ganz simpel zum Beispiel über Industriebrachen, die in Wohngebiete umgezont werden. Einerseits haben wir herausgefunden, dass es also ein durchaus demokratisch viel behandeltes Thema ist. Also wenn man Demokratie so definiert, dass das Volk mitentscheiden kann und dass Mitentscheidung einen rechtlichen Effekt hat, dann gibt es keinen Widerspruch zwischen Verdichtung und Demokratie. Besonders spannend ist dabei, dass gerade in kleineren Gemeinden – oft ländlicheren Gebieten, wo die SVP tendenziell stark ist – Verdichtungsvorlagen direkt vors Volk kommen, ohne davor beim Parlament zu landen. Da haben die Leute also sogar noch viel einen direktdemokratischen Zugang zum Thema Verdichtung und können mitentscheiden, ob sie diese wollen oder nicht. Also ich sehe den Widerspruch nicht unbedingt… aber vielleicht kannst du mir da noch ein bisschen helfen.

S: Naja, per se gibt es den Widerspruch nicht. Aber wenn man anschaut, in welchen Gebieten zum Beispiel in der Stadt Zürich der Verdichtung wegen aufgezont hat, sind das oft Quartiere, in denen viele Menschen ohne Stimmbürgerschaft leben. Wenn Verdichtung aufgrund von Leerkündigungen und Ersatzneubauten zu Verdrängung führt und die Bewohner:innen der Stadt sich nicht über direktdemokratische Partizipation dagegen wehren können, dann gibt es vielleicht schon einen nicht ganz funktionierenden Link zwischen Verdichtung und Demokratie.

G: Wenn wir über Mitspracherechte reden, bin ich voll bei dir. Es ist enorm wichtig, dass wir berücksichtigen, wer wo welches formelle Mitspracherecht hat, weil die Verdrängung durch Verdichtung de facto oft Leute betrifft, die kein Stimmrecht haben. Und das ist häufig das Problem, oder? Dass es sich bei Partizipationsprozessen vor Verdichtungsprojekten nach wie vor um eine pro forma Teilhabe handelt und sie keine rechtliche Wirkung hat. Ein demokratischer Miteinbezug ist das nicht. Aber auch hier wieder: Per se hat das nichts mit der Verdichtung zu tun. Wir müssen uns bewusst sein, dass die Verdichtungsfrage immer auch eine Bodenfrage ist. Nehmen wir mal Singapur als Beispiel. Dort gehört über 90 Prozent des Bodens dem Stadtstaat und es wird dann im Baurecht an Private abgegeben. Du kannst deine Immobilie nicht vollständig kaufen, aber mit einem befristeten Pachtvertrag übernehmen. Die Vorstellungen von Eigentum und Besitz sind dann entsprechend ganz anders. Die Stadt Singapur hat wie bei uns eine Idee, wie mit Boden und Baurechten umgegangen werden soll. Sie macht klare Vorgaben über das Baurecht, zum Beispiel wie der Wohnungsbau dort aussehen soll, wie viele Bewohner:innen Platz haben sollen, in welcher Wohnform usw. Solche Modelle finde ich sehr spannend, weil sie erlauben, sowohl Verdichtung als auch Dichte ganz neu zu denken, ohne dass weniger «urbane Qualität» entsteht.

> S: Aber klar, Verdrängung durch Verdichtung ist nur eine der vielen Ängste, die sich um dieses Thema ranken. Die affektiven und emotionalen Komponenten der Verdichtung scheinen im öffentlichen Diskurs zentral zu sein. Es gibt europäische Städte, mal vom globalen Süden ganz abgesehen, die viel dichter sind als Schweizer Städte: Paris oder Athen zum Beispiel. Und trotzdem ist eben der Dichtestress ein sich hartnäckig haltender Begriff im Schweizer Diskurs. Kann man sagen, dass Dichte eigentlich gar nicht so viel mit numerischen, messbaren Fakten zu tun hat, wie man sie wahrnimmt, sondern einfach mit so einer kulturell gewachsenen Wahrnehmung?

G: In einem meiner Artikel zur Planung von Verdichtung beschäftige ich mich mit dem Thema «Planning with Power», also den Machtdimensionen innerhalb von Planungsprozessen. Und eine dieser Dimensionen ist die diskursive Macht. Und wie du sagst, darf man diese Art von Macht niemals vergessen, weil sie einen hohen Einfluss darauf hat, wie ein Gesetz entworfen und dann verabschiedet wird: Es geht hier um Ideologien, die darin verankert werden. Und Verdichtung ist auf jeden Fall ein Begriff, der ideologisch geprägt ist: Jede und jeder von uns hat ein gewisses Konzept von Dichte in ihrem/seinem Kopf. Natürlich gibt es Typologien, Konzepte oder Definitionen auf einer übergeordneten Ebene, aber die sind nicht immer deckungsgleich mit der doch sehr starken kulturellen Wertung, welche diesen Begriff speist – und die ist abhängig davon, in welchem Kontext, geografisch wie auch sozial, wir aufwachsen. Was wir unter Verdichtung oder Dichte verstehen, ist somit zu einem sehr grossen Teil sozial konstruiert.

S: Eine gemeinsame Bekannte von uns, die in Zürich lebt, hat mir vor Kurzem von ihrer Kindheit in einem Wohnhaus in Athen erzählt. Das Gebäude, in dem sie aufwuchs, sei so alt und ringhörig gewesen, dass sie von zu Hause aus ihren Nachbar:innen beim Leben habe zuhören können: niessen, morgens den Kaffeesatz vom Filter in die Tonne klopfen, das Piepen der Waschmaschine, ganz zu schweigen vom Schleudergang. Sie empfand diese sensorischen Erlebnisse als zentral für die erlebte Dichte, welche immer noch ihre Wahrnehmung des urbanen Lebens prägt. Darum findet sie es in der Schweiz immer so erstaunlich, wie wir über dieses Thema diskutieren, weil es diese tatsächlich empfundene Dichte aus ihrer vergleichenden Perspektive ja bei uns so viel weniger gebe. Man ist in der Schweiz vielleicht auch wirklich gar nicht gewöhnt, die Nähe von anderen Menschen auf diese Art zu spüren.

G: Ganz ehrlich, gerade wenn du so erzählst, wird mir umso mehr klar: Die Planungsforschung unterschätzt die affektive und kulturell geprägte Wahrnehmung von Dichte total. Wir tendieren dazu, diesen Faktor «von oben herab» zu betrachten: Wir beziehen uns viel eher auf räumlich-technische Definitionen und Verhältnisse, als die Empfindungen der Menschen ins Zentrum zu rücken. Diese beeinflussen politische Haltungen und werden im Umkehrschluss de facto auch stark von der Politik geprägt. Und diese arbeitet sehr stark mit Bildern, mit individuellen Wertungen, die auf kulturell gewachsenen Normen basieren, und ja, schlussendlich mit Emotionen. Ich glaube also, der Einfluss von körperlicher und intimer Wahrnehmung auf politische Positionen ist enorm.

> S: Wenn wir an die Nachhaltigkeitsinitiative der SVP denken, werden Definitionen, Ängste und Potenziale der Verdichtung für politische Zwecke instrumentalisiert. Aber gibt es denn auch irgendwelche Herausforderungen bei der Verdichtung der Schweiz, die du in deiner Forschung festgestellt hast und die sich mit Argumenten aus der SVP-Propaganda decken? Sprich: Tun wir uns zu einfach, wenn wir diese als Propaganda abwinken?

G: Also wenn du mich fragst: «Muss man so eine Initiative ernst nehmen?», dann wird meine Antwort als Forscherin immer «ja» sein. Zum Beispiel ist es wichtig, Begriffe, die populistisch verwendet werden, genau zu definieren und zu klären. Dabei ist entscheidend, dass man nah herangeht und vermittelt: Schau, der Begriff hat ursprünglich folgende Bedeutung und die wurde so und so erhoben, gemessen usw. Und dann gleichzeitig, dass man auch gegenüber individuellen Wahrnehmungen sensibel bleibt und nicht arrogant wird – gerade wir als Forscher:innen, die seit der Coronakrise auch deshalb eine Legitimitätskrise erlitten. In der Schweiz haben wir immer noch rund 36 Prozent private, individuelle Eigentümer. Wir dürfen nicht so tun, als wären deren Bedenken alle nicht valide. Wenn es Ängste gibt, müssen wir sie also ernst nehmen. Wenn wir die Innenentwicklung wirklich umsetzen möchten, sowieso. Dabei müssen wir uns fragen: Gibt es vielleicht gewisse Ängste, die man zusammennehmen kann, bei denen wir Zusammenhänge erkennen können? Um was für eine Art Verlustängste handelt es sich wirklich, wenn Planungsprozesse angefochten werden? Finanzielle, familiäre, erbschaftliche? Aber dort müssen wir als Planer:innen schon viel sensibler sein und nicht einfach sagen, dass alles ungerechtfertigt ist. Das geht einher mit innovativen und ernst gemeinten Partizipationsprozessen, die vertrauensstiftend sein müssen. Das braucht Zeit und kann nicht einfach mit einer Infoveranstaltung abgehandelt werden. Wo wir uns gemeinsam aber wehren müssen, ist beim Ineinanderfliessen von Verdichtungs- und Zuwanderungsfragen. Da sehe ich aus der Forschung heraus keinen Zusammenhang. Und deshalb ist es wichtig: Die Verdichtung muss ernsthaft thematisiert, in ihrer Komplexität angegangen und politisiert werden, damit wir sie der politischen Instrumentalisierung effektiv entziehen können.

Jacqueline Badran

Zuwanderung als Treiber der Mietpreise – ein Mythos

«Die Zuwanderung ist schuld an der Mietpreis-Explosion.» Das ist einer der grössten Lügen in der Debatte um die Schweizerische Zuwanderungspolitik. Die steigenden Mieten sind vor allem die Folge des Nichteinhaltens unseres Mietrechts.

Aber von vorn. Seit der Internetkrise um das Jahr 2000 wurden unsere Immobilien zu einem Anlageuniversum umgebaut. Milliarden Anlagegelder drängten in den Immobilienmarkt, auch begünstigt durch die steigenden Volumina an Pensionskassengeldern, deren Anlagevorschriften mietpreistreibend geändert wurden. Ab dem Jahr 2005 mussten die Pensionskassen ihre Immobilien nicht mehr nach dem Anlagewert (das, was man real bezahlt hat), sondern nach dem Verkehrswert in den Büchern stehen haben. Der Verkehrswert wird jährlich neu geschätzt. Dessen Höhe ist massgeblich von den künftigen Mieteinnahmen abhängig. Je höher also die künftigen Mieteinnahmen, desto höher der Betrag in der Bilanz. Diese so erzielten Aufwertungsgewinne können als Dividende ausgeschüttet werden. Die Rendite bemisst sich also nicht mehr nach dem Verhältnis von Mieteinnahmen zum Anlagewert, sondern nach den erzielten Erhöhungen des Verkehrswerts in der Bilanz. Wenn aber nach gestiegenem Bilanzwert die Mieteinnahmen gleich bleiben, sinkt rechnerisch die Rendite. Also müssen wiederum die Mieten erhöht werden, um auf die gleiche Rendite zu kommen. So müssen die Mieten unaufhörlich in die Höhe getrieben werden. (Ein Beispiel: Eine Immobilie steht mit einem Wert von 1.000.000 Franken in der Bilanz und erzielt Nettomieteinnehmen von 25.000 Franken. Somit ist die Rendite 2,5 Prozent. Werden die Mieten auf 50.000 Franken verdoppelt, steigt die Rendite rechnerisch auf 5 Prozent. Wenn man nun den Verkehrswert statt den Anlagewert in den Büchern stehen haben muss, so erhöht sich der Verkehrswert eben auch um das Doppelte auf 2.000.000 Franken. So schmilzt die rechnerische Rendite wieder auf 2.5 Prozent – 50.000 von 2.000.000. Deshalb müssen die Mieten erneut steigen. Und so weiter.) Da immer mehr institutionelles Kapital, das diesen Rechnungslegungsvorschriften unterworfen ist und nicht privates Kapital den Immobilienmarkt beherrscht, haben diese Vorschriften eine enorm mietpreistreibende Wirkung.

Hinzu kam eine zweimalige Lockerung der Lex Koller. Dieses Gesetz mit Grundlagen aus dem Jahre 1961 (Lex von Moos) verhinderte, dass Kapital von juristischen und natürlichen Personen im Ausland (nicht Ausländer!) Immobilien in der Schweiz erwerben durfte. Diese Bindung des Immobilienerwerbs an den Lebensmittelpunkt in der Schweiz wirkte als effiziente Nachfragebarriere und dämpfte die Boden- und Immobilienpreise wirksam. Im ursprünglichen Bundesbeschluss stand sodann auch «die Verhinderung der Immobilie als blosse Kapitalanlage», um klarzustellen, dass globales Kapital nicht zum Zweck der Bodenspekulation erwünscht war, sondern den Personen, die Immobilien nutzen und von ihnen abhängig sind, vorbehalten sind. Ab 1998 durfte Kapital aus dem Ausland in Geschäftsimmobilienanlagen, ab 2005 auch indirekt in Wohnimmobilien angelegt werden wie in börsennotierte Immobiliengesellschaften oder Fonds. In der Folge flossen erneut Milliarden in den Immobilienmarkt. Immer mehr Kapital buhlte um den ewig gleich knappen und unvermehrbaren Boden und verteuerte so die Preise.

Nach der Finanzkrise 2008 (wo es zynischerweise um Immobilien-Finanzprodukte ging) flossen erneut Milliarden an zusätzlichen Geldern in den Immobilienmarkt aufgrund der in der Folge historisch tiefen Zinsen. (Tiefe Zinsen machen Immobilienanlagen attraktiver gegenüber alternativen Anlagen wie Aktien und Obligationen.)

Getrieben durch die tiefen Zinsen (zur Erinnerung: zwischen 2015 und 2022 gab es in der Schweiz sogar Negativzinsen) wurde gebaut und gebaut. Die Leerwohnungsziffer verdoppelte sich ab 2008 auf den historisch zweithöchsten Stand (Abbildung 1). Das heisst, es wurde weit über die Zuwanderung hinaus gebaut.

Abbildung 1: Leerwohnungsziffern in der Schweiz 1980 bis 2025
Quelle: Bundesamt für Statistik

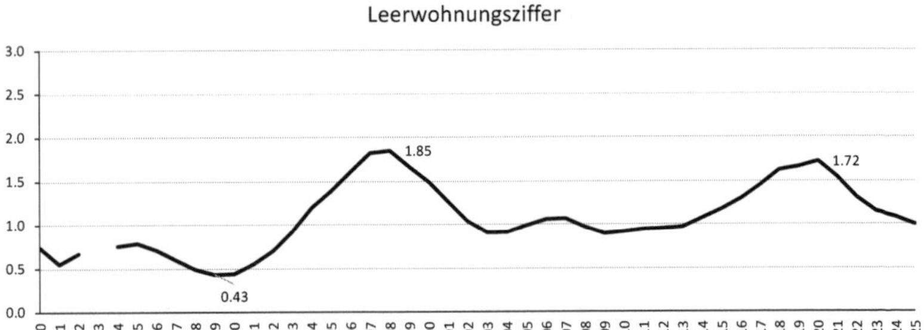

In der gleichen Zeitspanne sind die Mieten explodiert, obwohl sie wegen der tiefen Zinsen hätten massiv sinken müssen. Unser Mietrecht koppelt nämlich die erlaubten Mieten an die Kosten für die Mietsache und somit an den Hypothekarzins als grössten variablen Kostenfaktor. Die gesetzliche Mietpreisbildung sieht also eine Kostenmiete vor plus einer limitierten Rendite von 2 Prozent über dem hypothekarischen Referenzzinssatz (Stand Juni 2025: 1.5 % + 2 % = 3.5 %, bezogen auf das eingesetzte Eigenkapital). Ausgeschlossen ist demnach eine Bildung der Mietpreise nach Angebot und Nachfrage. Selbst wenn dies erlaubt wäre, hätten die Mieten wegen der regen Bautätigkeit sinken müssen. Sie sind aber trotz mässiger Teuerung stark gestiegen (Abbildung 2). Die Vermieterseite hat dies durchgesetzt, indem sie einerseits die sinkenden Hypothekarzinsen nicht weitergegeben haben, andererseits wurden bei jedem Mieterwechsel die Mieten gesetzeswidrig über die erlaubte Rendite erhöht.

Mit der fatalen Folge, dass die Mieten um über 10 Milliarden Franken jährlich zu hoch sind gegenüber dem gesetzlichen Pfad.

Abbildung 2: Landesindex der Konsumentenpreise, effektiver Mietpreisindex und erwarteter Mietpreisindex aufgrund der relevanten Kostenfaktoren gemäss geltendem Mietrecht, 2005–2021
Quelle: M. Schärrer/D. Höglinger/C. Gerber: Entwicklungen und Renditen auf dem Mietwohnungsmarkt 2006–2021, 2022, Studie im Auftrag des Mieterinnen- und Mieterverbands Schweiz.

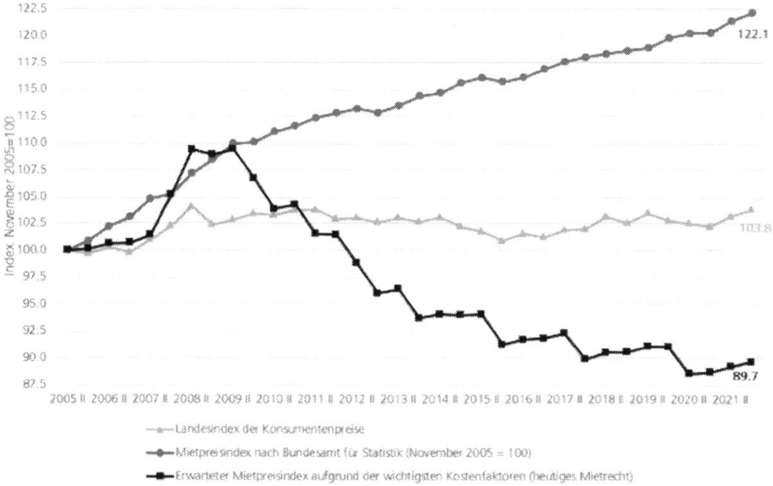

Die steigenden Mieten, kombiniert mit reger Bautätigkeit und tiefen Zinsen, beweisen zweierlei. 1. Die Zuwanderung hat nichts mit der Mietpreissteigerung zu tun. 2. Wir haben es mit einem archetypischen Anbietermarkt zu tun, der sich dadurch auszeichnet, dass die Anbieter von Mietwohnungen die Preise setzen können. Menschen wollen dort wohnen, wo die Arbeitsplätze sind. Wenn sie zu den Arbeitsplätzen in Städten und Agglomerationen ziehen, schafft das wiederum neue Arbeitsplätze, was wiederum zu einer erhöhten Nachfrage nach Wohnungen führt. Das heisst, dass es dort, wo die Arbeitsplätze sind, immer eine höhere Nachfrage nach Wohnungen gibt als angeboten werden. Das gilt weltweit so, weshalb die Anbieter auch die Preise setzen können und man deshalb von einem «Anbietermarkt» redet. So wirkt der Immobilienmarkt wie ein Staubsauger, der volkswirtschaftliche Ressourcen im Umverteilungsverfahren absaugt: zur Mietertasche raus in die Vermietertasche hinein, ohne die geringste Leistung und Wertschöpfung. Dieser volkswirtschaftliche Gau kann und muss unterbunden werden, indem die Mietpreisbildung der Anbieter-Preissetzung entzogen wird und dafür an die realen Kosten und eine gesetzlich limitierte Rendite gekoppelt wird. Genau das macht unser kluges Mietrecht – theoretisch.

Dass ab 2021 weniger gebaut wurde, hat nichts, aber auch gar nichts mit Baugesetzen oder Raumplanung zu tun, wie uns die Immobilienlobby und irregeleitete Journalist:innen ständig erzählen. Diese haben sich nicht verändert und wenn, wurde via Raumplanung mehr und nicht weniger Dichte zugelassen. Verändert haben sich nur die Zinsen. Die Immobilienbranche hat steigende Zinsen antizipiert und Milliarden Franken wurden in andere Anlagekategorien wie Obligationen oder Aktien verschoben.

Die explodierenden Mieten haben also nichts mit der Anzahl zugewanderter Personen zu tun, sondern damit, dass sich die Vermieterseite nicht an das an und für sich kluge Mietrecht hält. Einen Einfluss jedoch hat die Qualität der Zuwanderung. Durch die von Mitte-rechts befeuerte Ansiedlungspolitik durch Unternehmenstiefsteuern haben sich Tausende Hauptsitze in den letzten 25 Jahren in die Schweiz verschoben. Diese Teppichetagen beschäftigen vor allem Gutverdienende. Deshalb können Vermieter einfacher ihre gesetzeswidrig übersetzten Mieten real durchsetzen. Das führt zu einem massiven Schwund von Kaufkraft bei allen Bevölkerungsschichten, die den Menschen für Konsum oder Sparen fehlt. Diesen Kaufkraftkiller Nummer eins kann man gut und gern als volkswirtschaftlichen Supergau bezeichnen. Will man diesen stoppen, müssen wir – ähnlich wie es das bereits aus wirtschaftspolitischen Gründen über Jahrzehnte bis in die 1970er-Jahre gab – eine periodische Überprüfung der Mietzinse einführen und damit die Einhaltung des Mietrechts durchsetzen. Zudem müssen wir dringend die preistreibenden Rahmenbedingungen des Immobilienmarktes wieder ändern: Die Lex Kohler muss verschärft werden, die Rechnungslegungsvorschriften sind zu ändern und die Immobilien dem Geldwäschereigesetz zu unterstellen.

Kurz: Wollen wir die Mietpreisexplosion und die Ausbeutung via Immobilienwirtschaft stoppen, müssen wir nicht die Zuwanderung begrenzen, sondern die preistreibenden Rahmenbedingungen ändern, die Eigentumsverhältnisse ändern und damit dafür sorgen, dass wieder vermehrt gemeinnützige Bauträger bauen, und das an sich kluge Mietrecht durchsetzen.

Migration bringt Wohlstand

Die Debatte rund um die Migration ist in der Schweiz häufig emotional aufgeladen. Dadurch geraten die sachlichen Argumente über die tatsächlichen Auswirkungen von Migration oft in den Hintergrund. Ein Blick in die Forschung zeigt jedoch ein klares Bild: Die positiven Effekte der Migration für die Schweizer Wirtschaft überwiegen deutlich. Migrant:innen bringen beispielsweise Innovation, Arbeitskraft, Investitionen, Nachfrage nach Gütern und Dienstleistungen, Beiträge für die Altersversorgung und Netzwerke zu Absatzmärkten etc.

Die Hauptmechanismen für Migration in die Schweiz sind klar: Die grosse Nachfrage nach Arbeitskräften und der damit verbundene Familiennachzug sowie die qualitativ hochstehenden Universitäten und Ausbildungen, welche international kompetitiv sind in der Rekrutierung von ausgezeichneten Studierenden und Forschenden. Zudem tragen auch die zentrale Lage der Schweiz innerhalb Europas und die kleine Grösse des Landes sowie die sprachliche Nähe zu Nachbarländern zur Migration bei.

Kleinere und zentral gelegene Länder haben allgemein eine grössere Ein- und Auswanderungsrate. So gehört die Schweiz mit über 825.000 Auslandschweizer:innen auch zu den Spitzenreiterinnen der Emigration unter den reichen Ländern. Diese Zahl hat sich seit den 1990er-Jahren fast verdoppelt.[1]

Der folgende Text soll aufzeigen, welche konkreten Effekte die Einwanderung auf die Schweizer Wirtschaft hat.

Migration stärkt den Arbeitsmarkt

Wirtschaftliches Wachstum benötigt Zugang zu qualifizierten Arbeitskräften. In grossen Ländern können Firmen aus einem grösseren Pool an inländischen Arbeitskräften schöpfen. In kleineren Ländern ist die Auswahl entsprechend kleiner. Daher rekrutieren Firmen in kleineren Ländern tendenziell mehr Mitarbeitende aus dem Ausland – vor allem, wenn sie wie die Schweiz stark mit der globalen Wirtschaft verflochten sind. Ohne diese Möglichkeit gerät das wirtschaftliche Wachstum ins Stocken.

Die Nachfrage nach Arbeitskräften für den Schweizer Markt ist anhaltend hoch. Dies zeigt sich auch am kontinuierlichen Wachstum der verfügbaren Stellen, das auch im internationalen Vergleich überdurchschnittlich ausfällt. Einige Ökonom:innen sprechen sogar von einem «Schweizer Jobwunder».[2] Wenn das inländische Arbeitskräftepotenzial bereits weitgehend ausgeschöpft ist oder aufgrund demografischer Entwicklungen sogar rückläufig wird, entsteht folglich ein struktureller Arbeitskräftemangel. Dies ist nicht nur in der Schweiz der Fall. International nimmt die Konkurrenz um Arbeitskräfte durch

1 https://www.eda.admin.ch/content/dam/eda/de/documents/leben-ausland/2024-auslandschweizerstatistik-europa_DE.pdf.

2 Vgl. M. Siegenthaler/M. Graff/M. Mannino: Characteristics and Drivers of the Swiss «Job Miracle», in: Review of Economics 1/2016, S. 53–89, https://doi.org/10.1515/roe-2015-1005.

den demografischen Wandel zu. Die Schweiz profitiert in diesem Umfeld von ihrer hohen Standortattraktivität für Arbeitskräfte – eine wichtige Stütze für unser Wirtschafts- und Innovationspotenzial.

Der internationale Wettbewerb um Arbeitskräfte beschränkt sich nicht nur auf hoch qualifizierte Fachkräfte. Eine diversifizierte Volkswirtschaft wie die Schweiz braucht Menschen mit unterschiedlichen Bildungshintergründen, um dem Fachkräftemangel zu begegnen. Ein einfaches Beispiel: Um ein erfolgreiches KMU aufzubauen, benötigen Unternehmen nicht nur Spezialist:innen, sondern auch genügend Mitarbeitende für Logistik, Vertrieb, Administration, Transport etc. Wie wichtig der Zugang zu genügend Arbeitskräften auch für Investor:innen ist, belegt zum Beispiel die Studie von Beerli et al., die aufzeigt, dass die Personenfreizügigkeit für Grenzgänger:innen direkt zu mehr Investitionen in der Schweiz führte.[3]

Einwanderung kann zu höheren Löhnen für die Schweizer Bevölkerung führen

Oft wird befürchtet, dass Einwanderung zu Lohndruck für die ansässige Bevölkerung führt. Die Daten zeigen aber ein anderes Bild. Warum? Ein wichtiger Grund ist, dass zugewanderte Menschen nicht nur ihre Arbeitskraft mitbringen, sondern als Konsument:innen auch die Nachfrage nach Gütern und Dienstleistungen erhöhen, als Unternehmer:innen Firmen gründen und Innovation generieren und dadurch zusätzliches Kapital und Investitionen in die Schweiz bringen. Einwanderung kann also in vielerlei Hinsicht eine ähnliche Rolle spielen wie allgemeines Bevölkerungswachstum.[4]

3 A. Beerli/J. Ruffner/M. Siegenthaler/G. Peri: The abolition of immigration restrictions and the performance of firms and workers: Evidence from Switzerland, in: American Economic Review 3/2021, S. 976–1012.

4 https://www.seco.admin.ch/seco/de/home/Publikationen_Dienstleistungen/Publi

Mehrere Studien zeigen, dass Einwanderung unter Umständen sogar positive Effekte auf die Löhne der einheimischen Bevölkerung haben kann. Beerli et al.[5] und Basten et al.[6] analysierten die Auswirkungen der Abschaffung des Inländervorrangs von 2004. Diese Reform gewährte Personen aus EU-/EFTA-Staaten und insbesondere Grenzgänger:innen uneingeschränkten Zugang zum Schweizer Arbeitsmarkt – mit unmittelbaren Auswirkungen auf die Gemeinden nahe der Grenze. Die Anzahl der Grenzgänger:innen in diesen Gemeinden nahm signifikant zu.

Die Löhne der Einheimischen sanken als Folge davon jedoch nicht, sondern sie stiegen sogar (insbesondere für Hochqualifizierte) und die einheimische Arbeitslosigkeit sank. Diese Effekte resultierten vor allem daraus, dass auch die Nachfrage nach Arbeitskräften zunahm: Die Personenfreizügigkeit stimulierte die Produktivität und das Jobwachstum in Schweizer Unternehmen, zog neue Firmen an und förderte deren Innovation. Bereits ansässige Mitarbeitende konnten so vermehrt in Führungspositionen aufsteigen.

Eine wachsende Zahl von Studien aus verschiedenen Ländern zeigt, dass Zuwanderung entgegen vielen Befürchtungen oft zu keinen negativen und manchmal sogar zu positiven Auswirkungen auf Löhne und Beschäftigung der einheimischen Bevölkerung führt.[7] Einige Studien

kationen_und_Formulare/Arbeit/Personenfreizuegigkeit_und_Arbeitsbeziehungen/observatoriumsberichte/20_observatoriumsbericht_zum_fza.html.

5 Beerli et al.: The abolition.

6 C. Basten/M. Siegenthaler: Do immigrants take or create residents' jobs? Evidence from free movement of workers in Switzerland, in: The Scandinavian Journal of Economics, 3/2019, S. 994–1019, https://doi.org/10.1111/sjoe.12293.

7 Vgl. z. B. D. Card: The Impact of the Mariel Boatlift on the Miami Labor Market, in: ILR Review 2/1990, S. 245–257, https://doi.org/10.2307/2523702; M. Foged/G. Peri: Immigrants' effect on native workers: New analysis on longitudinal data, in: American Economic Journal: Applied Economics 2/2016, S. 1–34, https://doi.org/10.1257/app.20150114; . M. Bächli/T. Tsankova: Free movement of workers and native demand for tertiary education, in: Journal of Human Resources. Advance online publication, 8.3.2023, https://doi.org/10.3368/jhr.

dokumentieren jedoch auch moderate negative Effekte. So konstatierten Favre et al.[8] und Dustmann et al.[9] Einen leichten anfänglichen Lohndruck auf bestimmte Beschäftigungsgruppen. Um solchen möglichen negativen Entwicklungen entgegenzuwirken, wurden in der Schweiz im Kontext der Personenfreizügigkeit die «flankierenden Massnahmen» eingeführt.[10]

Die flankierenden Massnahmen dürften mit dazu beigetragen haben, dass sich die Personenfreizügigkeit in der Schweiz so weitgehend positiv auf die Löhne ausgewirkt hat.

Migration beflügelt Innovation

Insgesamt zeigen die Zahlen, dass Migrant:innen anteilsmässig mehr Firmen gründen und mehr Innovation betreiben als Ansässige,[11] und dies nicht nur in der Schweiz, sondern weltweit.[12]

Zum einen bringen zugewanderte Personen Wissen und Netzwerke mit, welche förderlich sind für Wachstum

0721-11805R2; A. Caiumi/G. Peri: Immigration's effect on US wages and employment redux (NBER Working Paper No. 32389), 2024, https://doi.org/10.3386/w32389.

8 S. Favre/R. Lalive, R./J. Zweimüller: Verdrängungseffekte auf dem Schweizer Arbeitsmarkt bleiben gering, in: Die Volkswirtschaft, 1. Juni 2013, https://dievolkswirtschaft.ch/de/2013/06/favre/.

9 C. Dustmann/U. Schönberg/J. Stuhler: Labor supply shocks, native wages, and the adjustment of local employment. The Quarterly Journal of Economics 1/2016, S. 435–483, https://doi.org/10.1093/qje/qjw032.

10 V. Merckx/C. Wegmüller: Auswirkungen der Immigration auf die Löhne: Zehn Jahre Erfahrungen mit der Personenfreizügigkeit, in: Die Volkswirtschaft, 1. Januar 2013, https://dievolkswirtschaft.ch/de/2013/01/merckx/.

11 VGl. z. B. P. Leisibach/P. Schnell/L. Grabher: Grenzenlos innovativ: Die Bedeutung der Erwerbsmigration für den Innovationsstandort Schweiz, Avenir Suisse, Zürich/Lausanne 2023, https://cdn.avenir-suisse.ch/production/uploads/2023/09/erwerbsmigration_avenir_debatte.pdf.

12 S. Chodavadia/S. P. Kerr/W. R. Kerr/L. Maiden: Immigrant Entrepreneurship: New Estimates and a Research Agenda. development (NBER Working Paper No. w32400), 2024, https://ssrn.com/abstract=4825985; P. Vandor: Research: Why immigrants are more likely to become entrepreneurs, in: Harvard Business Review, 26. August 2021, https://hbr.org/2021/08/research-why-immigrants-are-more-likely-to-become-entrepreneurs.

und Innovation. Zudem gibt es auch Hinweise, dass Migrant:innen risikobereiter und unternehmerischer sind als Personen, die in ihrem Heimatland bleiben.[13]

Prominente Beispiele aus der Schweiz sind etwa Henri Nestlé (gebürtiger Deutscher) und Nicolas Hayek, Gründer der Swatch Group (gebürtiger Libanese). Bei der Entwicklung der Covid-Impfungen waren Migrant:innen wie Uğur Şahin, Özlem Türeci oder Katalin Karikó federführend. Aber auch im Kleinen zeigen sich Wirkungen. So belegten Cristelli et al., dass die Liberalisierung des Arbeitsmarktes für Grenzgänger:innen zu einer Zunahme von Patentanmeldungen in der Schweiz führte.[14]

Unterstützung für unsere alternde Gesellschaft

Wie für viele Länder stellt die alternde Gesellschaft auch für die Schweiz eine Herausforderung dar, speziell in Bezug auf Gesundheitskosten, Altersvorsorge und Sozialversicherungen. Hier kann die Zuwanderung einen Ausgleich schaffen. Die durchschnittlich jüngere eingewanderte Bevölkerung erhöht das Verhältnis von Arbeitenden zu Pensionierten. Dies reduziert den demografischen Druck, da mehr Leute in die AHV und die Sozialsysteme einzahlen.[15] Auch im Gesundheitswesen zeigt sich entsprechend, dass Zugewanderte im Schnitt tiefere Kosten verursachen.[16]

13 P. Dizikes: Study: Immigrants are more likely to start firms and create jobs, MIT News, 9. Mai 2022, https://news.mit.edu/2022/study-immigrants-more-likely-start-firms-create-jobs-0509.

14 G. Cristelli/F. Lissoni: Free movement of inventors: Open-border policy and innovation in Switzerland (SSRN Scholarly Paper No. 3728867), 1. November 2020, https://doi.org/10.2139/ssrn.3728867.

15 S. Favre/R. Föllmi/J. Zweimüller: Migration und Sozialversicherungen: Eine Betrachtung der ersten Säule und der Familienzulagen, Bundesamt für Sozialversicherungen (BSV) 2023.

16 Die jährlichen Kosten pro Person bei Versicherten mit ausländischer Staatsbürgerschaft liegen bei rund CHF 2.569 – deutlich weniger als die CHF 3.554 bei Schweizer:innen; vgl. Bundesamt für Statistik/Eidgenössisches Departement des Innern: Kosten zu Lasten der obligatorischen Krankenpflegeversicherung

Ohne Immigration hätte die Schweiz eine schrumpfende Bevölkerung, in welcher immer weniger Erwerbstätige die steigenden Sozialversicherungs- und Gesundheitskosten tragen müssten. Zudem ist unsere alternde Gesellschaft auf Pflegepersonal angewiesen, ein Sektor, der sehr stark von Einwanderung profitiert.

Infrastruktur, insbesondere Wohnungsbau, muss mit der Bevölkerung mitwachsen

Damit die Erfahrung mit der Migration für die Schweiz eine positive bleibt, ist es wichtig, dass Infrastruktur, insbesondere auch Wohnungsbau, mit dem Bevölkerungswachstum mithalten. Wie oben beschrieben, kann Migration in vielerlei Hinsicht zu Win-win-Situationen führen. Wenn der Infrastrukturausbau jedoch stagniert, kann ein Nullsummenspiel entstehen im Wettbewerb um existierende Strukturen wie Wohnungen etc.: Gewinn für die einen bedeutet Verlust für andere.

Eine progressive Politik muss sich daher aktiv dafür einsetzen, dass Verhinderungspolitik beim Infrastruktur- und Wohnungsbau bekämpft wird. Denn wenn das Angebot knapp wird, verlieren immer die Schwächsten in der Gesellschaft. Und es ist dann ein Leichtes, der zugewanderten Bevölkerung die Schuld in die Schuhe zu schieben.

Besitzstandswahrung hat vielerorts zu Einschränkungen bei neuen Projekten geführt, welche zur Verknappung des Wohnraums und zu neuen Angeboten im ÖV, in der Kultur etc. führen. Oft wird diese Form von Besitzstandswahrung unter dem Stichwort «NIMBY» (Not in My Backyard) diskutiert: Immobilienbesitzer:innen wollen neue Infrastruktur «in ihrem Hinterhof» verhindern und

nach Staatsangehörigkeit der Versicherten (Nr. 36020088), Neuchâtel 2025, https://dam-api.bfs.admin.ch/hub/api/dam/assets/36020088/master.

von der Verknappung des Angebots profitieren, da ihre Immobilien so an Wert gewinnen. Mit ihrem Buch «Abundance» haben die Politanalysten Ezra Klein und Derek Thompson einen interessanten Beitrag zu diesem Thema vorgelegt (trotz des starken US-Fokus sind viele Aspekte auch für die Schweiz relevant).[17]

NIMBY ist ein grosses Risiko für alle, denen die Offenheit der Schweizer Bevölkerung für die Einwanderung am Herzen liegt. Wenn der Wohnraum knapper wird und die Mieten steigen, nimmt auch die Angst vor Migration zu.

Positive Effekte auch für die Herkunftsländer

Oft wird befürchtet, dass Migration den Herkunftsländern schade (Stichwort «Brain Drain»). Auch hier ist Migration jedoch kein Nullsummenspiel: Sie kann sowohl für die Herkunftsländer wie auch für die Einwanderungsländer positive Wirkungen haben. Dies hat mehrere Gründe.

Einerseits senden Migrant:innen oft substanzielle finanzielle Beiträge an ihre Familien und Bekannten in den Herkunftsländern, sogenannten «Remittances». Diese Überweisungen belaufen sich weltweit auf rund 900 Milliarden US-Dollar pro Jahr und sind damit um ein Mehrfaches grösser als die gesamte offizielle internationale Entwicklungshilfe. Diese Gelder werden in den Herkunftsländern oft sehr wirkungsvoll eingesetzt und führen dort zu besserer Ausbildung für die Kinder und zu grösserem Wohlstand.[18]

Zudem zeigt die Forschung, dass die Möglichkeit zur Auswanderung in den Herkunftsländern auch «Brain Gain»-Effekte haben kann. Dies nicht nur durch die

17 E. Klein/D. Thompson: Abundance, London 2025.

18 Vgl. G. Khanna/E. Murathanoglu/C. Theoharides/D. Yang: Abundance from abroad: Migrant income and long-run economic development (NBER Working Paper No. w29862), 28. März 2022, https://ssrn.com/abstract=4068032.

erhöhten Bildungschancen durch die Remittances, sondern auch durch den Anreiz für junge Menschen, mehr in ihre Bildung zu investieren für eine mögliche spätere Auswanderung. Da nur ein Teil der zusätzlich Ausgebildeten schlussendlich auswandert, steigt oft der Netto-Humankapitalbestand in den Herkunftsländern.[19]

Schliesslich entstehen durch Migration auch internationale Netzwerke, die den Herkunftsländern zugutekommen, zum Beispiel durch neue Handelsbeziehungen, zusätzlichen Austausch von Know-how und Technologien etc.

Gesamtsicht: Migrationsbarrieren bedeuten Marktverzerrungen

Allgemein besteht unter Ökonom:innen grosser Konsens, dass Migration insgesamt positive Auswirkungen auf die Volkswirtschaft hat. Wie kommt es dazu? Einschränkungen der Migration sind grundsätzlich Marktbarrieren, ähnlich wie Kaptialflussrestriktionen oder Handelsschranken (z.B. Zölle). Marktbarrieren führen zu Verzerrungen und entsprechenden volkswirtschaftlichen Effizienzverlusten («Dead Weight Loss»).

Aus diesem Grund haben die meisten Länder ihre internationalen Barrieren für freien Austausch von Gütern, Dienstleistungen und Investitionen stark abgebaut (auch wenn Donald Trump hier aktuell einen grossen Schritt rückwärts versucht). Im Bereich des freien Austausches der Arbeitskraft gab es mit der Personenfreizügigkeit einen grossen Liberalisierungsschritt innerhalb Europas, aber

19 Vgl. z. B. S. Chand/M. Clemens: Skilled emigration and skill creation: A quasi-experiment (International and Development Economics Working Paper), 2008, https://EconPapers.repec.org/RePEc:idc:wpaper:idec08-05; P. Abarcar/C. Theoharides: Medical worker migration and origin-country human capital: Evidence from U.S. visa policy, in: The Review of Economics and Statistics 1/2024, S. 20–35, https://doi.org/10.1162/rest_a_01131.

nicht mit dem Rest der Welt. Menschen aus der ganzen Welt dürfen Waren in die Schweiz verkaufen, nicht aber ihre Arbeitskraft. Dies ist eine grosse Marktverzerrung.

Clemens (2011) hat versucht, die Gesamtkosten dieser Markteinschränkung zu quantifizieren.[20] Er kommt zum Schluss, dass wir global durch die Migrationsbarrieren «trillion-dollar bills on the sidewalk» liegen lassen – ungenutzte Wohlfahrtsgewinne in Billionenhöhe. Wenn nur 5 Prozent der Menschen aus Ländern mit tiefen Einkommen in reiche Länder migrieren könnten, würde dies laut seinen Schätzungen zu mehr wirtschaftlichem Wachstum führen als die Beseitigung aller verbleibenden Handels- und Kapitalflussbarrieren auf der Welt.

Ob Länder höhere Restriktionen für die Einwanderung wollen, ist grundsätzlich eine politische Frage, welche nicht nur auf wirtschaftlichen Abwägungen beruht. Aus ökonomischer Sicht hingegen ist klar: Wenn wir Migrationsbarrieren aufbauen oder aufrechterhalten wollen, bedeutet dies auch, dass wir auf bedeutende Effizienzgewinne und wirtschaftliches Wachstum verzichten, die durch eine optimalere Allokation von Arbeitskräften entstehen würden.

20 M. Clemens: Economics and Emigration: Trillion-Dollar Bills on the Sidewalk? Journal of Economic Perspectives, 2011, https://www.aeaweb.org/articles?id=10.1257/jep.25.3.83.

Balthasar
Glättli

Einwanderung über den Asylbereich? Es kommen wenige, und es kommen die Richtigen

Bürgerliche Gegner:innen der 10-Millionen-Initiative verweisen regelmässig auf angeblich strukturelle Probleme im Asylbereich und die problematische «Asylmigration». Tatsächlich trug der Asylbereich im letzten Jahrzehnt unter sieben Prozent zur Nettozuwanderung bei und die nationale Schutzquote erreichte 75 Prozent.[1]

Es ist sicher sinnvoll, die Auseinandersetzung gegen die Initiative der SVP mit einem positiven Fokus auf den Erhalt und Ausbau der bilateralen Beziehungen zu führen. Gleichzeitig darf die irreführende Propaganda im Asylbereich nicht unwidersprochen bleiben. Dafür will dieser Beitrag Argumente liefern.

1 Dieser Beitrag basiert direkt auf früheren Publikationen des Autors, die gekürzt und um neue Aspekte erweitert wurden; vgl. B. Glättli: Es kommen die Richtigen. Klarstellungen zur aktuellen Schweizer Asyldebatte, Norderstedt 2024; B. Glätttli: Die Asylzuwanderung ist vernachlässigbar für die Bevölkerungsentwicklung, in: P.S. Zeitung 24. Januar 2025, https://www.pszeitung.ch/die-asylzuwanderung-ist-vernachlaessigbar-fuer-die-bevoelkerungsentwicklung/.

Es kommen wenige …

«Das Boot ist voll» hiess es im Zweiten Weltkrieg gegenüber den geflüchteten Juden.[2] «Es kommen zu viele» ist heute das Motto der SVP.[3] Mitte-rechts nimmt diese Erzählung dankend auf und versucht, mit der SVP gegen die SVP zu argumentieren. Nicht etwa die durch die Wirtschaft angestossene Zuwanderung aus der EU und aus Drittstaaten sei das eigentliche Problem, heisst es dann. Die «Asylmigration» wird als Sündenbock für den angeblichen «Dichtestress» verantwortlich gemacht.

So erklärte Economiesuisse-Präsident Christoph Mäder Ende 2024 in einem grossen Interview zu den Bilateralen III: «Ein wichtiger Grund für die Ängste und die negativen Assoziationen liegt meiner Meinung nach bei der Asylmigration. Die Probleme im Vollzug des Asylwesens belasten die Zuwanderungsdiskussion.» Auf den zustimmenden Einwurf der NZZ, es sei doch ein Unterschied, ob eine deutsche Pflegekraft komme oder ein ungelernter marokkanischer Asylsuchender, führte er weiter aus: «Diese Wirtschaftsmigration, die wir im Moment beobachten, hat weder mit dem Arbeitsmarkt noch mit dem ursprünglichen Kern des Asylwesens viel zu tun. Doch sie verstärkt den Druck auf die Ressourcen und prägt die Diskussion über Zuwanderung.»[4]

Krokodilstränen über eigene Vorurteile

Der damalige FDP-Präsident Thierry Burkart hatte zuvor in einem Interview zu den Bilateralen III die Asylmigration

2 A. A. Häsler/F. Dürrenmatt/R. de Weck: Das Boot ist voll: die Schweiz und die Flüchtlinge 1933–1945, Zürich 2008.

3 SVP Schweiz: Es kommen zu viele und es kommen die falschen Ausländer!, in: SVP Schweiz, 7. Januar 2023, https://www.svp.ch/aktuell/publikationen/medienmitteilungen/es-kommen-zu-viele-und-es-kommen-die-falschen-auslaender/.

4 C. Neuhaus/C. Biswas: Economiesuisse Mäder sorgt sich über starke Zuwanderung, in: Neue Zürcher Zeitung vom 18. Dezember 2024.

gar als Hauptproblem der Zuwanderung bezeichnet: «Wir hatten allein im letzten Jahr über 30 000 Asylgesuche, vornehmlich aus Afghanistan, der Türkei, aus Eritrea oder aus den Maghreb-Staaten.»[5] Mit genau solchen Aussagen befeuern Burkart und Mäder bewusst selbst die Ängste und negativen Assoziationen, die Mäder dann umgehend mit Krokodilstränen beklagt.

Dabei sind bereits Burkarts Zahlen irreführend. Nicht jedes Asylgesuch bedeutet eine neu eingewanderte Person. Beispiel Eritrea: zwei Drittel der Gesuche betrafen 2023 Geburten von anerkannten Schutzbedürftigen. Im selben Jahr waren von knapp 8.000 afghanischen Gesuchen ein Viertel Zweitgesuche bereits hier anwesender Frauen mit einer Chance, Asyl statt der bestehenden vorläufigen Aufnahme zu erhalten. Oder nehmen wir Marokko: Den 1.606 Gesuchen stehen in der Statistik im gleichen Jahr auch 1.866 Abgänge von Menschen aus Marokko gegenüber.[6]

Wie viel Nettozuwanderung auf welchem Weg?

Die Gesuchszahlen sagen also wenig zur Frage, welche Migrationsbereiche netto wie viel zur Zuwanderung beitragen. Berücksichtigt werden muss nicht nur die Einwanderung, sondern ebenso die freiwillige Auswanderung sowie Aus- und Rückschaffungen.

Die *Republik*[7] und die *WOZ*[8] verwiesen als erste auf eine vom Autor angeregte Auswertung der demogra-

5 D. Biner/C. Neuhaus: Asylmigration: FDP-Präsident Thierry Burkart fordert Politikwechsel, in: Neue Zürcher Zeitung vom 2. September 2024.

6 SEM: Asylstatistik 2023, 15. Februar 2024, https://www.sem.admin.ch/sem/de/home/publiservice/statistik/asylstatistik/archiv/2023.html.

7 L. Häuptli: Wie viele Menschen sollen in der Schweiz leben?, in: Republik, 13. Januar 2025, https://www.republik.ch/2025/01/13/wie-viele-menschen-sollen-in-der-schweiz-leben.

8 K. Surber: Asylpolitik: «Wie Kaninchen vor der Schlange», in: WOZ vom 5. Februar 2025, https://www.woz.ch/!1373C572J7NK.

fischen Verlaufsstatistik (DVS) des Bundesamts für Statistik, welche für das Jahrzehnt von 2014 bis und mit 2023 die Frage beantwortete: Welche Art der Zuwanderung hatte – nach Abzug der wieder Ausgewanderten – welchen Anteil am Wachstum der Schweizer Bevölkerung?

Das Resultat: Bloss 6,8 Prozent der Nettozuwanderung dieses Jahrzehnts, also 71.573 Personen, gehen auf den klassischen Asylbereich zurück, weitere 5 Prozent auf Schutzbedürftige aus der Ukraine. Die restlichen gut 88 Prozent haben ihren Ursprung in der Personenfreizügigkeit und der kontingentierten Zuwanderung aus Drittstaaten.

Die nachstehende Darstellung zeigt, wie sich der Aufenthaltsstatus der Menschen, die im letzten Jahrzehnt in die Schweiz gekommen sind, bis zum 31. Dezember 2023 veränderte. Lesebeispiel: Die meisten Personen, die als Asylsuchende in die Schweiz gekommen sind, mussten oder wollten das Land verlassen (Out) oder haben einen anderen Status erlangt, beispielsweise eine vorläufige Aufnahme (F). Einige wenige, die vor Kurzem eingereist sind, befinden sich noch im Asylverfahren (N).

Abbildung 1: Änderung des Aufenthaltsstatus von zugewanderten Personen innerhalb eines Jahrzehnts bis 2023
Quelle: Bundesamt für Statistik

Viele, die kommen, gehen auch wieder

Viele, die kommen, gehen mit der Zeit also wieder. Von den über 100.000 Ukrainier:innen, die den Schutzstatus S erhalten hatten, lebten Mitte 2025 noch knapp 70.000 in der Schweiz, ein Drittel ist in ein anderes europäisches Nachbarland weitergereist, wenige auch zurückgekehrt.[9] Auch europäische Arbeitskräfte und ihre Familien bleiben im Übrigen nicht einfach für immer in der Schweiz.

Die progressive Debatte zur Personenfreizügigkeit (PFZ) sollte darum nicht auf die Zuwanderung fokussieren, sondern ins Zentrum stellen, dass die PFZ Menschen mit EU-Pass, solange sie hier leben, rechtlich auf Augenhöhe mit den Schweizer:innen stellt. Sie erfahren Rechte statt Ausbeutung, Rechtssicherheit statt Willkür der Ausländerpolizei. Diese Errungenschaft gilt es gegen die 10-Millionen-Initiative und mit den Bilateralen III zu verteidigen. Und dafür braucht man keine Asylsuchenden als Sündenböcke.

… und es kommen die Richtigen

Schauen wir dennoch das Flüchtlingswesen in der Schweiz noch etwas näher an. Kommen tatsächlich immer die Falschen, wie SVP und FDP behaupten? Ein Blick in die Statistik zeigt das Gegenteil. Und zwar auch dann, wenn man die Menschen aus der Ukraine ausblendet. Um das zu verstehen, muss man allerdings ein wenig in die Tiefen des schweizerischen Asylrechts und des Dublin-Abkommens eintauchen.

9 SEM: Asylstatistik 2025 (Tabelle 6–24): Bestand Personen mit vorübergehendem Schutz (Ausweis S) und Erwerb (31.7.2025), 31. Juli 2025, https://www.sem.admin.ch/dam/sem/de/data/publiservice/statistik/asylstatistik/2025/07/6-24-Best-S-Erwerb-d-2025-07.xlsx.download.xlsx/6-24-Best-S-Erwerb-d-2025-07.xlsx; SEM: Statistiken Ukraine – Gesuche um Schutz, 30. März 2025, https://www.sem.admin.ch/sem/de/home/asyl/ukraine/statistiken.html.

Asyl erhalten nur individuell Verfolgte …

Unser Asylgesetz steht immer noch in der Tradition des individuellen Asyls für einen einzelnen politisch verfolgten Menschen. Kriegsflüchtlinge aus der Ukraine oder Syrien erhalten in der Schweiz dagegen in der Regel einen ablehnenden Asylentscheid: Personen, die, «ohne individuell verfolgt zu sein, den Folgen von Krieg, Bürgerkrieg, Unruhen, Unterdrückung oder verbreiteter schwerer Menschenrechtsverletzungen in ihren Heimatländern entfliehen […], sind gemäss heutiger Praxis keine Flüchtlinge im Sinne des Asylgesetzes.»[10] Eine Ausschaffung dieser Personen würde allerdings gegen das völkerrechtlich notstandsfeste Non-Refoulement-Prinzip[11] verstossen, das auch in unserer Bundesverfassung (Art. 25 Abs. 3) festgeschrieben ist: Keine Person darf ausgeschafft werden an einen Ort, an dem ihr Folter oder unmenschliche Behandlung droht. Deshalb wird als Ersatzmassnahme für die Wegweisung eine sogenannte «vorläufige Aufnahme» verfügt.

Darum ist es grobe Irreführung, wenn SVP und Freisinn drei Viertel der Asylsuchenden als falsche Flüchtlinge bezeichnet. Nicht die Asylquote, sondern die Schutzquote, welche Asyl- und vorläufige Aufnahme zusammenfasst, zeigt, ob tatsächlich schutzbedürftige Menschen bei uns Schutz suchen oder nicht.

10 SEM: Artikel D1 Die Flüchtlingseigenschaft, in: Handbuch Asyl und Rückkehr, 2020, https://www.sem.admin.ch/dam/sem/de/data/asyl/verfahren/hb/d/hb-d1-d.pdf.download.pdf/hb-d1-d.pdf.

11 humanrights.ch. 2013. «Non-Refoulement Prinzip in Kürze». humanrights.ch, August 19. https://www.humanrights.ch/de/ipf/grundlagen/kuerze/freiheitsentzug-justiz/non-refoulement/.

… welche nirgends in Europa ein Gesuch stellten

Die Schweiz hat zudem das Dublin-Abkommen der EU mitunterzeichnet. Konkret heisst dies: Asylsuchende, deren Fingerabdrücke bereits in einem anderen Dublin-Staat erfasst sind, erhalten hier normalerweise einen Nichteintretensentscheid, weil die Schweiz nicht dafür zuständig ist, materiell über ihren Schutzbedarf zu entscheiden. Das heisst aber noch lange nicht, dass sie keinen Schutz brauchen.

Die offiziell ausgewiesene Schutzquote des SEM, welche diesen rein formellen Nichteintretensentscheid ebenfalls als negativen Entscheid wertet, ist darum irreführend. Auch auf europäischer Ebene rechnet Eurostat diese formellen Dublin-Entscheide aus der Statistik heraus und führt jeweils für jedes Land die nationale Schutzquote an.

Abbildung 2: Wie viele Asylsuchende brauchen Schutz? Die nationale Schutzquote zeigt den Anteil an materiellen Asyl-Entscheiden mit einem Schutzbedarf. Diese Grafik blendet die Ukraine-Flüchtlinge aus. (Legende aus der Grafik.)
Quelle: Interpellation 24.3527, Bereinigte Schutzquote und Eurostat-Schutzquote in den letzten zehn Jahren, 2024, https://www.parlament.ch/de/ratsbetrieb/suche-curia-vista/geschaeft?AffairId=20243527.

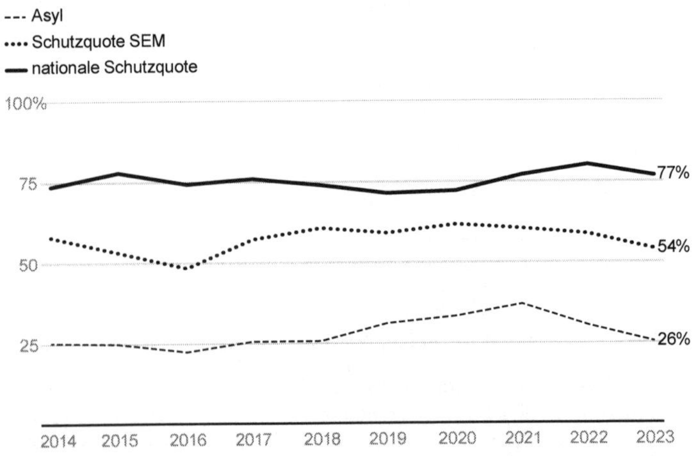

Diese nationale Schutzquote der Schweiz, also der Anteil jener Asylsuchenden, bei denen in der Schweiz in einem materiellen Verfahren schon in erster Instanz ein Schutzbedarf festgestellt wird, betrug 2014 bis 2023 durchschnittlich 75 Prozent.[12]

Eine Kündigungsinitiative im Bereich der Menschenrechte

Dass die Initiative gerade im Asylbereich am raschesten greifen soll, ist ein klarer Ausdruck der Sündenbockpolitik ihrer Urheber:innen. Die obigen Ausführungen stellen klar: Erstens ist der Asylbereich nicht der relevante Bereich, wenn es darum geht, die Nettozuwanderung zu beschränken. Und zweitens ist die nationale Schutzquote hoch. Die Schutzwürdigkeit bei jenen Asylgesuchen, die in der Schweiz tatsächlich materiell geprüft werden, lag in den letzten zehn Jahren bei 75 Prozent.

Dennoch wäre die 10-Millionen-Initiative nicht nur bezüglich der Bilateralen Verträge mit der EU, sondern auch im Bereich der Menschenrechte eine Kündigungsinitiative. Sie hätte unter anderem die Kündigung der Genfer Flüchtlingskonvention, der Europäischen Menschenrechtskonvention (EMRK) und der UN-Kinderrechtskonvention zur Folge. Die Widersprüche zu den Grundrechten, die auch in der Schweizerischen Bundesverfassung festgehalten sind,

12 B. Glättli: 24.3527 Bereinigte Schutzquote und Eurostat-Schutzquote in den letzten zehn Jahren», 5. Juni 2024, https://www.parlament.ch/de/ratsbetrieb/suche-curia-vista/geschaeft?AffairId=20243527. – Das war nicht immer so: Die durchschnittliche nationale Schutzquote der Schweiz lag in den gut drei Jahrzehnten von 1986 bis 2019 im Schnitt nur bei knapp 43 Prozent; vgl. Stephan Parak: Asylpraxis der Schweiz von 1979–2019, hrsg. vom Staatssekretariat für Migration SEM, August 2020, https://www.bundespublikationen.admin.ch/de/product/000000000862682811/Asylpraxis%20der%20Schweiz%20von%201979%20-%202019. Würden umgekehrt in der Periode von 2014 bis 2023 auch die Ukrainer:innen eingerechnet, wäre die Schutzquote vorab 2022 nochmals massiv höher. Von 95.766 Schutzgesuchen bis zum 31. Dezember 2023 erhielten nämlich 89.182 einen Schutzstatus S; vgl. SEM: Statistiken Ukraine.

würden dadurch aber noch nicht aufgehoben. Nicht nur die EMRK, sondern auch unsere Verfassung (Art. 14 BV) schützen das Recht auf Familienleben und stehen damit der totalen Aufhebung des Familiennachzugs entgegen. Nicht nur die Kinderrechtskonvention, sondern auch unsere Verfassung hält fest, dass Kinder und Jugendliche Anspruch auf besonderen Schutz haben (Art. 11 BV).

Nicht nur das zwingende Völkerrecht, sondern auch unsere Bundesverfassung verbietet schliesslich nicht nur Folter und unmenschliche Behandlung, sondern auch die Abschiebung in Länder, in welchen einer Person Folter oder unmenschliche Behandlung droht (Art. 25 Abs. 3 BV).[13] Dass die Initiative gleichzeitig diesen Menschen einen formellen Aufenthaltsstatus abspricht, ist zwar unmenschlich. Es führt aber in keiner Art und Weise dazu, dass sich die tatsächliche Bevölkerung der Schweiz verringern würde.

Fazit

Auch im Asylbereich wiederholt sich das Muster, das sich bei genauerer Betrachtung der Initiative bereits im Bereich der Zuwanderung von Arbeitskräften abzeichnet. Den Initiant:innen geht es weniger darum, die Anzahl von Zugewanderten zu beschränken. Im Kern steht vielmehr das Ziel, den rechtlichen Status aller Zugewanderten massiv zu schwächen und sie zu prekarisieren.

13 Der Kerngehalt dieses wie anderer Grundrechte darf gemäss Art. 36 Abs. 4 BV nicht angetastet werden; vgl. G. Malinverni/A. Auer/M. Hottelier/M. Hertig/A. Flückiger: Droit constitutionnel suisse, 4. Aufl., Bern 2021. Entsprechend kommt die Botschaft des Bundesrats zum Schluss, dass die Gültigkeit der Initiative insofern gegeben sei, als betroffene Kriegsflüchtlinge zwar keinen Aufenthaltsstatus erhalten, aber dennoch nicht in ihr Herkunftsland ausgeschafft werden dürften; vgl. Bundesrat: Botschaft zur Volksinitiative «Keine 10-Millionen-Schweiz! (Nachhaltigkeitsinitiative)», 25.026, 11. April 2025, S. 10f).

Miriam Suter
und Natalia Widla

Gewalt gegen Frauen ist kein Import, sie ist hausgemacht

Rechte Parteien wie die SVP nutzen Gewalt an Frauen oft, um migrationsfeindliche Politik zu legitimieren. Dabei zeigen Forschung und Kriminalstatistik klar: Femizide und sexualisierte Gewalt wurzeln nicht in einer bestimmten Herkunft oder Religion, sondern in patriarchalen Strukturen, toxischen Männlichkeitsnormen und gesellschaftlichen Machtverhältnissen – auch in der Schweiz.

Praktisch immer, wenn sexualisierte, physische oder tödliche Gewalt an Frauen in der Schweiz öffentlich wird, dauert es nicht lange, bis reaktionäre Kreise das Thema für migrationsfeindliche und xenophobe Rhetorik instrumentalisieren. Dieser rechte Diskurs suggeriert: Die Gewalt komme «von aussen», sie sei importiert – kulturell bedingt oder religiös motiviert. Der klassische Täter ist in diesem Narrativ muslimischer, arabischer, südamerikanischer oder nordafrikanischer Herkunft, und wenn es gelingt, ihn «draussen» zu halten – oder aus dem Land zu schaffen –, dient das der Sicherheit «der Frauen». Damit will gesagt werden: «unserer Frauen», den Schweizer Frauen.

Gerade bei einem Thema wie Gewalt gegen Frauen,

bei welchem jede:r den ausübenden Akteur nicht in seiner Nähe – und am besten nicht in seiner eigenen Zugehörigkeitsgruppe – wissen möchte, verfängt dieses Narrativ und trifft auf fruchtbaren, durch Jahre immergleicher rassistischer Stereotype und Panikmache vorbereiteten Boden. Denn: Wenn diese Gewalt nicht von «uns», der weissen schweizerischen Mehrheitsgesellschaft, ausgeht, dann kann das Gewaltproblem gelöst werden, indem sich diese Gesellschaft abschottet. Introspektion, politische Massnahmen und vor allem eine Auseinandersetzung mit den tatsächlich gewaltbegünstigenden Faktoren erübrigen sich. Oder anders ausgedrückt: So muss niemand auf den Nachbar blicken, den Vater, den Freund – oder gar sich selbst.

Gleichzeitig lässt sich so ein politisch umstrittenes Thema, nämlich die Ausweisung von Geflüchteten bzw. immigrierten Menschen oder eine restriktive Einreise- bzw. Niederlassungspolitik vordergründig humanitär, wenn nicht gar feministisch rechtfertigen. Aktuell wird dieses Narrativ in der Kampagne zur SVP-Initiative «Keine 10-Millionen-Schweiz» aufgegriffen. Die suggerierte Logik: Weniger Migration bedeutet weniger Gewalt (an Frauen). Doch diese These ist empirisch nicht haltbar. Und sie ist politisch gefährlich. Leidtragende sind neben den unter Generalverdacht gestellten Migranten vor allem die Frauen: Denn dem wahren Schutz vor Gewalt ist dieser Diskurs nicht dienlich.

Kontroll- und Statusverlust als Leitmotive

Vorweg einige Zahlen und Fakten: In der Schweiz werden 95 Prozent aller Tötungsdelikte an Frauen durch Männer verübt – viele davon im Kontext von Partnerschaft oder Trennung.[1] Die Forschung hält fest: Täter kommen aus

1 S. Staubli/N. Markwalder/S. Walser: Ursachen von Tötungsdelikten innerhalb der Partnerschaft. Studie im Auftrag des Eidgenössischen Büros für die Gleich-

allen sozialen Schichten, religiösen Prägungen, Bildungsgraden und Herkunftsländern. Was sie alle eint, ist demnach nicht ihre Nationalität, sondern ihre Vorstellungen von Geschlecht und Geschlechterrollen und ein Bedürfnis nach Macht und Kontrolle. Dazu gehören patriarchale Männlichkeitsbilder, Besitzansprüche und eine tiefe Kränkbarkeit, wenn diese Kontrolle bedroht wird oder es sich für den Täter zumindest so anfühlt. Die amerikanische Politikwissenschaftlerin Jacqui True[2] spricht in diesem Kontext von einer toxischen Männlichkeit, die nicht angeboren, sondern sozialisiert ist und überall dort entsteht, wo Stärke, Kontrolle und Dominanz als männliche Tugenden vermittelt werden. Wer diese Normen nicht erfüllt oder infrage gestellt sieht – etwa durch Trennung oder weibliche Autonomie –, kann in Gewalttätigkeit kippen.

Die Studie «Ursachen von Tötungsdelikten innerhalb der Partnerschaft» der Universität St. Gallen im Auftrag des Eidgenössischen Büros für die Gleichstellung von Mann und Frau (EBG) unter der Leitung von Nora Markwalder, Simone Walser und Silvia Staubli[3] unterscheidet zwei Haupttypen von Tätern: Solche, die bereits im Vorfeld gewalttätig auffielen, und solche, die erst im Kontext der Trennung eskalierten. In rund der Hälfte aller Partnerschaftstötungen war die Trennung ein Auslöser. Diese Erfahrung wird von Tätern oft als narzisstische Kränkung empfunden: Der Verlust der Partnerin ist für viele Männer nicht nur emotional, sondern identitätsbedrohend – besonders dann, wenn sie bereits anderweitig unter Druck

stellung von Frau und Mann (EBG), veröffentlicht unter Federführung der Universität St. Gallen, Universität Zürich und Universität Freiburg, Bern 2021. Analyse der Swiss Homicide Monitor-Daten: 96 % der Tötungen von Frauen durch männliche Partner innerhalb der Partnerschaft.

2 Vgl. J. True: Violence Against Women: What Everyone Needs to Know, Oxford 2021, S. 57.

3 S. Staubli/N. Markwalder/S. Walser: Ursachen von Tötungsdelikten innerhalb der Partnerschaft. Studie im Auftrag des Eidgenössischen Büros für die Gleichstellung von Frau und Mann (EBG), veröffentlicht unter Federführung der Universität St. Gallen, Universität Zürich und Universität Freiburg, Bern 2021.

stehen: etwa durch Jobverlust, finanzielle Unsicherheit oder soziale Isolation.

Hier überschneiden sich soziale und psychologische Risikofaktoren: Männer mit niedrigem Selbstwert, hoher Impulsivität oder patriarchaler Anspruchshaltung geraten unter Belastung eher in Gewaltmuster. Der Verlust der Beziehung wird nicht als autonomer Akt der Frau, sondern als Angriff auf die eigene männliche Identität verstanden. Gewalt dient in dieser Logik als Mittel zur Wiederherstellung von Kontrolle – bis hin zur Tötung. In diesem Kontext ist auch das Phänomen des erweiterten Suizids zu sehen, bei dem Männer nicht nur ihre Partnerin, sondern auch sich selbst (und oft die gemeinsamen Kinder) töten. Diese Männer ertragen oft einen persönlichen (subjektiven oder auch faktischen) Existenzbankrott nicht und sehen es fast schon als ihre Pflicht, Frau und Kinder ebenfalls von dieser Scham zu bewahren, indem die gesamte Familie eliminiert wird.

Eifersucht gilt als einer der häufigsten Auslöser partnerschaftlicher Gewalt – und gleichzeitig als einer der am meisten verharmlosten. In etwa 56 Prozent der Partnerschaftstötungen in der Schweiz wurden Eifersucht und Trennung als Tatmotive benannt.[4] Doch während Eifersucht bei Männern im gesellschaftlichen Gesamtkontext und in der medialen Berichterstattung oft als «Verlust der Kontrolle» und damit als menschlich nachvollziehbare Reaktion dargestellt wird, gilt sie bei Frauen schnell als «krankhaft», «manipulativ» oder «hysterisch». Diese Doppelmoral spiegelt sich auch in Gerichtsprozessen wider: Immer wieder versuchen männliche Täter und ihre Verteidiger, die psychische Stabilität der Betroffenen infrage zu stellen. Die Klägerinnen werden als «nicht ganz normal», «emotional labil» oder «rachsüchtig» dargestellt

4 Vgl. ebd. Dort wird Eifersucht in rund einem Drittel der trennungsbedingten Partnerschaftstötungen als Tatmotiv genannt.

– häufig ohne jegliche Grundlage wie beispielsweise ein psychologisches Gutachten.

Männer töten nicht aus dem Nichts, sondern aus dem Gefühl, etwas zu «verlieren», das ihnen vermeintlich zusteht. Das ist kein kulturelles, sondern ein strukturelles Problem.

Weitere Risikofaktoren und Einflüsse: In der Schweiz konnte bei 12 Prozent der Tötungen innerhalb einer Partnerschaft eine Alkoholabhängigkeit und bei 14 Prozent regelmässiger Drogenkonsum beim Täter festgestellt werden. Auch diese Zahlen stützen sich auf die Studie «Ursachen von Tötungsdelikten innerhalb der Partnerschaft». Beim Blick auf die Tötungsmodalität fällt auf: In 43 Prozent aller Partnerschaftstötungen kamen Schusswaffen zum Einsatz. In einem Land, in dem Schusswaffen von allen Militärdienst leistenden Männern zu Hause aufbewahrt werden können und jährlich Tausende Schuss Munition verloren gehen, sollte diesem Fakt besondere Aufmerksamkeit zukommen, zumal eine Waffe im Haus auch dann als implizites oder explizites Druck- und Drohmittel gebraucht werden kann, selbst wenn sie nicht physisch zum Einsatz kommt.

«Kultur» allein hat noch nie jemanden getötet

Doch zurück zum Thema Migration und Gewalt gegen Frauen. Migration oder Fluchtgeschichte können unter bestimmten Bedingungen vorausgehend genannte Risikofaktoren verstärken: Soziale Entwurzelung, fehlende Anerkennung, wirtschaftliche Not, beengte Wohnverhältnisse, Kriegstraumata usw. sind allesamt Faktoren, die einem subjektiven Machtverlust zuspielen und somit gerade bei Männern mit starren patriarchalen Rollenbildern Gewaltausübung befördern können. Die deutschen

Sozialforscherinnen Monika Schröttle und Nadia Khelaifat[5] betonen, dass sich die Entwertung des Selbst durch Migration auf Männer besonders auswirken kann, gerade wenn das patriarchale Rollenbild des Ernährers nicht mehr erfüllt werden kann. Das Resultat ist manchmal Gewalt – aber nicht wegen der Herkunft, sondern wegen des Kontrollverlustes. Schröttle und Khelaifat weisen darauf hin, dass ähnliche Dynamiken – wie bereits oben beschrieben – auch bei Männern ohne Migrationshintergrund auftreten. Etwa im Fall eines Scheiterns im Beruf, einer destabilisierenden Krankheit oder bei Statusverlust.

Psychologische Gutachten zeigen bei Tätern häufig narzisstisch-neurotische Züge, affektive Impulsivität und mangelnde Konfliktfähigkeit. Sie fühlen sich durch die Autonomie der Frau in ihrer männlichen Identität bedroht. Vor Gericht verhalten sich viele Täter entsprechend oft ähnlich und suchen die Gründe für die Tat nicht bei sich: Sie relativieren ihre Taten, sprechen von Blackouts, Affekthandlungen oder beschuldigen die Frau, durch Trennung oder Verhalten die Gewalt «herausgefordert» zu haben.

Und dennoch: Wenn Männer mit Migrationshintergrund Gewalt ausüben, dominiert das kulturelle Erklärungsmodell. Wobei – und das sei an dieser Stelle kurz vermerkt – nur selten wirklich ausbuchstabiert wird, was unter «Kultur» oder «kulturell» überhaupt begriffen wird. In Medien, Politik und Gerichtssälen wird die Herkunft des mutmasslichen Täters zum Deutungsmuster – anders als bei inländischen Tätern, deren Gewalttaten als

5 Vgl. M. Schröttle/N. Khelaifat: Gesundheit – Gewalt – Migration. Eine vergleichende Sekundäranalyse zur gesundheitlichen und sozialen Situation und Gewaltbetroffenheit von Frauen mit und ohne Migrationshintergrund in Deutschland. Forschungsprojekt im Auftrag des Bundesministeriums für Familie, Senioren, Frauen und Jugend, Berlin 2008. Darin wird herausgestellt, dass Entwertung des Selbst durch Migration, ökonomische Unsicherheit und patriarchale Rollenerwartungen Männer besonders anfällig für Gewalt machen – nicht aufgrund der Herkunft, sondern aufgrund eines empfundenen Kontrollverlustes.

tragische Ausnahme, psychische Ausnahmezustände oder «Familiendramen» beschrieben werden. Hinzu kommt, dass bei einem Drittel der Täter bereits vor der Tat polizeiliche Auffälligkeiten bestanden, sei es durch häusliche Gewalt oder andere Delikte. Das zeigt: Viele Taten sind keine Ausnahmen, sondern Eskalationen einer zuvor bestehenden Dynamik. Doch genau diese Dynamik wird medial und juristisch oft unsichtbar gemacht.

Diese fremdenfeindliche Verzerrung verschleiert die strukturellen Ursachen von Gewalt und den Blick auf empirisch nachweisbare Faktoren, wie einige davon vorausgehend aufgeführt wurden. Und der Fokus auf ebendiese vermeintlich kulturelle Gewalt der «Anderen» entlastet die Gesellschaft von der Auseinandersetzung mit ihren eigenen patriarchalen Strukturen – erspart ihr die Introspektion. Dasselbe ist auch dann zu beobachten, wenn Femizid- oder andere Gewalttäter als «psychisch krank», «Junkies» oder «Irre» abgetan werden – kurzum, als Monster. Auch hier lässt sich eine Introspektion umgehen, indem eine klar befremdende Menschengruppe als Gefahrenquelle identifiziert wird.

Einordnung der SVP-Politik: Reaktionäres Gewaltnarrativ als Strategie gegen Gleichstellung

Der reaktionäre Gewaltbegriff der SVP und ihrer medialen Unterstützer:innen ist in Wahrheit ein Gewaltverdrängungskonzept. Er dient nicht dem Schutz von Frauen, sondern der Legitimation von Grenzregimen und rassistischer Bevölkerungspolitik. Er stellt Frauenkörper unter nationalen Besitzanspruch – während er sie in der Realität nicht schützt. Dafür gibt es mehrere konkrete Beispiele: Im Dezember 2022 reichte die SVP-Grossrätin Sandra Schneider im Kanton Bern mehrere Interpellationen zur

Finanzierung von Frauenhäusern ein. Zwar betonte sie, dass Frauenhäuser eine wichtige Schutzinfrastruktur darstellen, legte den Schwerpunkt aber auf mögliche Einsparungen. Konkret kritisierte sie, dass die öffentliche Finanzierung nur für die ersten 35 Tage eines Aufenthalts vorgesehen sei und danach andere Träger einspringen müssten – ein Umstand, den sie nicht ausweiten, sondern im Gegenteil strenger kontrollieren wollte. Kritiker:innen sahen darin den Versuch, den Zugang zu langfristigem Schutz zu erschweren und Kosten auf Gemeinden oder Betroffene selbst abzuwälzen.

Bei einer Debatte in der Stadt Zürich über die Einführung von Gender-Budgeting – einer Methode, mit der Budgets nach ihrer Wirkung auf Frauen und Männer analysiert werden – lehnte der SVP-Vertreter Johann Widmer den Vorstoss vehement ab. Er bezeichnete den Vorschlag als «dummes Zeug» und sprach von einem «perversen Wahn vom Geschlechterkampf». Aus Sicht von Befürworter:innen des Gender-Budgetings steht diese Haltung stellvertretend für eine grundsätzliche Ablehnung struktureller Gleichstellungsinstrumente durch die SVP.

Und auf nationaler Ebene hat die Partei wiederholt versucht, Gleichstellungsbüros auf kantonaler und kommunaler Ebene abzuschaffen. SP-Co-Präsidentin Mattea Meyer fasste dies 2023 mit den Worten zusammen, die SVP wolle «die Frauen am liebsten zurück an den Herd schicken». Auch bei der Reform des Sexualstrafrechts stellte sich die Partei nicht auf die Seite jener, die umfassendere Schutzbestimmungen forderten. Stattdessen plädierte sie für härtere Strafen in besonders schweren Fällen, lehnte aber Teile der Reform ab, die den Opferschutz verbessern sollten, wenn diese nicht ihrer restriktiven Linie entsprachen.

Die SVP verknüpfte das Thema Frauenschutz zudem mehrfach mit einer restriktiven Asylpolitik. In Parteirednerbeiträgen wurde argumentiert, ein Grossteil der Asylsuchenden seien junge Männer aus «frauenverachtenden Kulturen», was ein Sicherheitsrisiko darstelle. Als Konsequenz forderte die Partei, Asylgesuche nicht mehr in der Schweiz zu bearbeiten und die Aufnahme zu begrenzen. Die SVP instrumentalisiert damit Frauenrechte, um migrationspolitische Ziele durchzusetzen, statt umfassende Schutzmechanismen für alle Betroffenen häuslicher oder sexueller Gewalt zu stärken.

Historisch hat sich die SVP zudem mehrfach gegen Reformen ausgesprochen, die den Schutz von Frauen gestärkt hätten. So wehrte sich eine Mehrheit ihrer Nationalratsmitglieder noch um 2003 dagegen, Vergewaltigung in der Ehe als Offizialdelikt anzuerkennen. Damit blieb die Strafverfolgung in vielen Fällen von einer Anzeige des Opfers abhängig – ein Schritt, der als klares Signal gegen den Schutz vor häuslicher Gewalt zu werten ist. Auch bei sozialpolitischen Fragen wie Mutterschafts- und Vaterschaftsurlaub positionierte sich die Partei ablehnend: Sie opponierte zusammen mit der FDP gegen die Einführung eines dreimonatigen Mutterschaftsurlaubs und zeigte sich später skeptisch gegenüber dem Vaterschaftsurlaub. Dies verstärkt strukturelle Benachteiligungen von Frauen in der Erwerbs- und Care-Arbeit.

Hinzu kommt eine Form der Symbolpolitik, die sich wie bereits beschrieben stark auf kulturelle Fragen konzentrierte: Mit grossem Engagement setzte sich die SVP für das Verhüllungsverbot («Burka-Initiative») ein und begründete dies oft mit dem Argument, Gleichberechtigung bedeute, dass sich Frauen und Männer ins Gesicht sehen können. Damit wurden stereotype Bilder von muslimischen Frauen bedient, während gleichzeitig strukturellere Formen des Frauenschutzes – etwa beim Lohn, in der

Familienpolitik oder bei Gewaltschutzprogrammen – von der Partei weniger priorisiert wurden.

Fazit

Statt über kulturelle Ursachen zu spekulieren, sollte die Debatte über Gewalt gegen Frauen in der Schweiz eine andere Richtung nehmen: Wie können patriarchale Normen aufgebrochen werden? Wie verhindern wir, dass toxische Männlichkeitsideale weiter tradiert werden? Wie stärken wir Betroffene, statt Täter zu verstehen? Und wie schaffen wir eine Justiz, die Gewalt nicht relativiert, sondern klar benennt? Der gesellschaftliche Blick nach innen ist unbequem, aber notwendig. Denn Gewalt gegen Frauen ist kein Importproblem. Sie ist Ausdruck der Verhältnisse, in denen wir leben. Ihre Lösung beginnt nicht mit dem Fingerzeig auf andere, sondern mit dem Umbau unserer eigenen Strukturen.

Wenn Gewalt externalisiert und rassifiziert wird, gerät die Suche nach Motiven – und somit auch nach tatsächlichen, nachhaltigen Lösungen – zwangsläufig in eine Sackgasse, denn Femizide und sexualisierte Gewalt geschehen nicht am Rand der Gesellschaft, sondern in ihrer Mitte. Die Täter sind nicht «die Anderen» – sie sind unsere Väter, Kollegen, Ehemänner, Nachbarn. Das bedeutet nicht, dass kulturelle Unterschiede irrelevant sind. Doch wer die Herkunft zur Hauptursache erklärt, betreibt nicht Aufklärung, sondern Hetze. Statt strukturelle Lösungen zu fördern – wie beispielsweise Prävention, Gleichstellung, alternative Männlichkeitsbilder, frühzeitige Intervention –, werden Abschottung und Ausgrenzung gefordert.

Wer sexualisierte Gewalt ernst nimmt, muss ihre strukturellen Ursachen benennen, nämlich toxische Männlichkeitsnormen, gesellschaftliche Machtverhältnisse, ökonomische Abhängigkeit, Tabuisierung, ungleiche

Justizpraxis. Gewaltprävention beginnt nicht an der Grenze, sondern in der Schule, in der Familie, im Gerichtssaal, in den Medien und mit unserem Bild von Männlichkeit. Der Feind ist nicht die Herkunft – sondern das Patriarchat.

Sarah Schilliger und Julia Maisenbacher

Ohne Migration keine Sorge(n)!? Plädoyer für eine solidarische Care-Gesellschaft

«Da können Sie im Spital lange klingeln» – so titelte der Tagesanzeiger kürzlich und bezog sich dabei auf ein Zitat von Bundesrat Beat Jans.[1] Dieser warnte gegenüber den Medien, eine Begrenzung der Zuwanderung, wie sie die sogenannte Nachhaltigkeitsinitiative anstrebt, führe zu langen Wartezeiten und drohe das Gesundheitssystem kollabieren zu lassen. Bereits jetzt sind Engpässe bei Pflege und Betreuung akut. Die Initiative der SVP verschleiert mit dem Schlagwort der Nachhaltigkeit das eigentliche Ziel ihrer Politik: Migration massiv einzuschränken. Womit sich die prekäre Personalsituation in Spitälern, in der Langzeitpflege und der Betreuung von pflegebedürftigen Menschen dramatisch verschärfen würde.

Doch das ist nur der sichtbarste Teil eines Problems, das weit über quantitative Versorgungsfragen hinausgeht. Ein genauer Blick zeigt: Die sogenannte Nachhaltigkeitsinitiative der SVP ist alles andere als ein Beitrag zu mehr sozialer oder ökologischer Nachhaltigkeit. Vielmehr geht es um eine Verschärfung der Ausbeutung migrantischer

1 C. Walser: «Da können Sie im Spital lange klingeln» – Jans warnt vor Fachkräftemangel, in: Tagesanzeiger vom 21. März 2025.

Arbeitskräfte, eine Vertiefung (globaler) sozialer Ungleichheiten und um das Abwälzen gesellschaftlicher Krisen (wie der Care-Krise) auf besonders vulnerable Gruppen. Umso mehr braucht es ein linkes und feministisches Gegennarrativ, das Solidarität, gerechte Arbeitsverhältnisse und die Bedeutung der Care-Arbeit ins Zentrum stellt.

Die Bedeutung migrantischer Care-Arbeit in der Schweiz

Kaum irgendwo ist der Anteil der migrantischen Arbeitskräfte so hoch wie im Schweizer Gesundheits- und Pflegesektor. Laut OECD (2023) waren im Jahr 2021 gut 38 Prozent der in der Schweiz tätigen Ärzt:innen nicht hierzulande ausgebildet.[2] Seit 2010 – als es noch 23 Prozent waren – ist dieser Anteil um gut zwei Drittel angewachsen. Fast die Hälfte dieser Fachkräfte stammt aus Deutschland, weitere wichtige Herkunftsländer sind Italien und Frankreich. Im europäischen Vergleich ist die Schweiz nach Norwegen und Irland (beide 42 Prozent) Spitzenreiterin. Zum Vergleich: In Frankreich sind nur 12 Prozent der Ärzt:innen im Ausland ausgebildet, in Deutschland sind es knapp 14 Prozent (Abbildung 1). In Italien ist es sogar nur 1 Prozent.

Auch beim Pflegepersonal ist der Anteil der Arbeitskräfte, die nicht in der Schweiz geboren sind, sehr hoch – und ist insbesondere mit der Einführung der Personenfreizügigkeit rasant gestiegen (Abbildung 2): Jede vierte Pflegefachperson hat ihre Ausbildung nicht in der Schweiz absolviert. In Europa ist dieser Anteil nur in Irland noch höher. Ein überwiegender Teil des zugewanderten Pflegepersonals ist weiblich und stammt auch hier aus den Nachbarländern Frankreich, Deutschland und Italien.

2 OECD: Health at a Glance (2023). OECD Indicators, Paris 2023.

Abbildung 1: Entwicklung des Anteils an im Ausland ausgebildeter Ärzt:innen in der Periode 2010–2021.
Quelle: OECD Health Statistics 2023

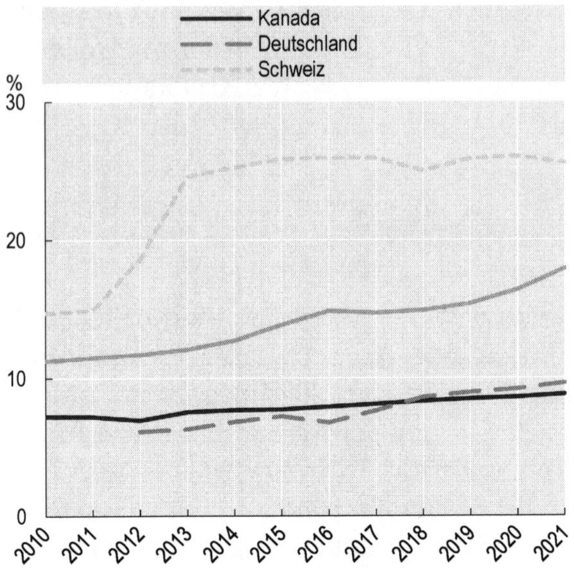

Abbildung 2: Entwicklung des Anteils an im Ausland ausgebildeten Pflegepersonals in der Periode 2010–2021.
Quelle: OECD Health Statistics 2023

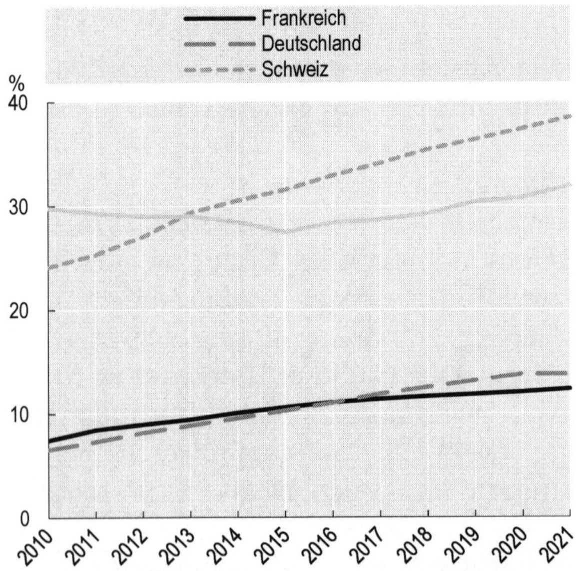

Mit dem Erreichen des Pensionsalters der Babyboomer-Generation verschärft sich der Bedarf weiter: Bereits heute ist über ein Viertel der in der Schweiz tätigen Ärzt:innen über 60 Jahre alt.[3] Aus ebendiesem Grund wächst auch der Anteil von älteren pflegebedürftigen Menschen. Und gleichzeitig wird das Potenzial der unbezahlten Pflegeleistungen durch weibliche Angehörige aufgrund der steigenden Erwerbstätigkeit der Frauen kleiner.

Es wird offensichtlich, was feministische Bewegungen bereits seit Jahrzehnten thematisieren: Die Grundlage unseres alltäglichen Überlebens ruht vor allem auf den Schultern von Frauen – und ganz besonders auf denen migrantischer Frauen.[4] Ihre Arbeit bleibt häufig unsichtbar, die Arbeitszeiten sind entgrenzt und ihre Leistungen werden teilweise krass unterbezahlt – beispielhaft ist die Situation von Live-in-Betreuer:innen in Privathaushalten, die häufig rund um die Uhr abrufbar sind und dafür kaum je 4.000 Franken pro Monat verdienen.

Sorge-Extraktivismus und globale Ungleichheiten

Doch statt die grossen Herausforderungen zu adressieren, die sich aus dieser Care-Krise ergeben, wird Care-Arbeit systematisch als Ressource betrachtet, die flexibel genutzt werden kann. Die Schweiz als reiches Land bearbeitet schon seit vielen Jahren ihren Pflegenotstand mittels der Rekrutierung von Care-Arbeiter:innen aus dem Ausland. Die deutsche Soziologin Christa Wichterich hat hierfür den prägnanten Begriff des «Sorge-Extraktivismus» geprägt: Damit bezeichnet sie ausbeuterische Strategien, um Krisen der sozialen Reproduktion kostengünstig

3 Ebd.
4 S. Federici: Aufstand aus der Küche: Reproduktionsarbeit im globalen Kapitalismus und die unvollendete feministische Revolution, Münster 2012.

zu überbrücken.[5] Statt offensiv in die Ausbildung von Gesundheitspersonal zu investieren und Pflegeberufe durch bessere Arbeitsbedingungen und höhere Löhne aufzuwerten, werden Fachkräfte importiert und damit Versorgungslücken transnational verlagert. Die Kosten der sozialen Reproduktion werden dabei «nach unten» delegiert – in ärmere Herkunftsländer, in migrantische Communities, auf schlecht bezahlte und häufig rechtlich kaum abgesicherte Care-Arbeiter:innen.[6]

Dieser extraktivistische Zugriff auf Care-Arbeit steht im Einklang mit einer «imperialen Lebensweise», wie Ulrich Brand und Markus Wissen die Produktions- und Konsumformen der globalen Mittel- und Oberschichten zulasten anderer, natürlicher und menschlicher, Ressourcen im Globalen Süden und in ärmeren Weltregionen nennen.[7] Die prekäre Situation von Migrant:innen wird gesellschaftlich zum «Normalfall» und von politischer Seite kaum als Problem – oder als Hinweis auf ein grundlegendes Systemversagen – wahrgenommen.

Die Versprechen und Gefahren der SVP-nitiative

Die SVP verspricht mit ihrer sogenannte Nachhaltigkeitsinitiative, «fehlgeleitete Zuwanderung» zu bremsen und «das Boot wieder zu steuern». Die tatsächlich dahinterstehende Intention ist jedoch ein andere. Die Initiative möchte das ohnehin bereits hoch selektive Schweizer Migrationsregime weiter verschärfen und noch stärker nach ökonomischen Verwertbarkeitskriterien ausrichten.

5 C. Wichterich: Der prekäre Care-Kapitalismus – Sorgearbeit zwischen Krise und Ressource, in: Blätter für deutsche und internationale Politik 2/2018.

6 S. Schilliger/K. Schwiter/J. Steiner: Reiche Länder exportieren ihre Care-Krise, in: CARITAS Sozialalmanach 2022, Luzern 2021, S. 67–77.

7 U. Brand/M. Wissen: Imperiale Lebensweise. Zur Ausbeutung von Mensch und Natur im globalen Kapitalismus, München 2017.

Die Auswahl der Migrant:innen – etwa nach Ausbildungsstand, Herkunft oder Nutzen für den Arbeitsmarkt – wird damit weiter hierarchisiert. Dies zementiert ein Migrationsmanagement, das Migrant:innen als blosse Arbeitskräfte begreift, die nach ökonomischem Nutzen eingeteilt und je nach Bedarf «gerufen» oder wieder «zurückgeschickt» werden können – vergleichbar mit dem Saisonnierstatut, mit dem man in der Schweiz bis 2002 eine flexible Arbeitskräfterekrutierung garantieren und gleichzeitig die angebliche «Überfremdung» bekämpfen wollte.[8]

Bewirkt wird dadurch in erster Linie eine Prekarisierung migrantischer Arbeitsverhältnisse. Denn mit einer Einschränkung legaler Zuwanderungswege – etwa durch die Kündigung der Personenfreizügigkeit und flankierender Schutzmassnahmen – wächst nicht nur der Druck auf die bestehenden Fachkräfte, sondern auch die Gefahr einer weiteren Verlagerung von Care-Arbeit in den informellen, rechtsfreien oder zumindest kaum kontrollierten Raum des «Privaten»: Schon heute arbeiten Zehntausende Sans-Papiers (insbesondere aus Lateinamerika) und osteuropäische Pendelmigrant:innen in Schweizer Privathaushalten von pflegebedürftigen Menschen – unsichtbar, schlecht bezahlt und häufig sozial isoliert.[9] Und noch immer ist der Arbeitsplatz Privathaushalt nicht dem Arbeitsgesetz unterstellt.

Wem nützt diese Migrationspolitik?

Die Initiative wird den Bedarf an migrantischen Care-Arbeiter:innen im Schweizer Gesundheits- und Pflegesystem keineswegs verringern, sondern vielmehr die Hierarchien

8 F. Falk (Hrsg.): Der Schwarzenbacheffekt. Wenn Abstimmungen Menschen traumatisieren und politisieren, Zürich 2022.

9 Schilliger et al.: Reiche Länder exportieren ihre Care-Krise; A. Knoll/S. Schilliger/B. Schwager: Wisch und weg! Sans-Papiers-Hausarbeiterinnen zwischen Prekarität und Selbstbestimmung, Zürich 2012.

verschärfen und Migrant:innen in prekäre, unsichtbare und rechtlich unsichere Arbeitsverhältnisse drängen. Dies führt zu Kriminalisierung, Lohn- und Sozialdumping sowie fehlendem Arbeitsschutz – und erhöht die Ausbeutbarkeit insbesondere von weiblichen Arbeitskräften, wie zahlreiche Studien belegen.[10]

Einmal mehr zeigt sich, wie nationalstaatliche Grenzen besonders gut geeignet sind, um Angstszenarien zu mobilisieren und Migration als Gefahr von aussen zu inszenieren. Narrative über «Überfremdung» oder eine angeblich ausser Kontrolle geratene Zuwanderung erfüllen dabei die Funktion, eine «Moral Panic»[11] zu erzeugen: Aus konstruierter moralischer Empörung erwächst politische Legitimation für Kontrolle und neue Ausschlüsse. Statt grundlegende sozialstaatliche, arbeitsmarktliche und care-politische Problematiken anzugehen – prekäre Arbeitsbedingungen, Unterfinanzierung der Pflege und der gesamten Care-Infrastruktur, fehlende Anerkennung unbezahlter Care-Arbeit, Mangel an bezahlbarem Wohnraum – und statt echte Integrationsprogramme zu installieren, die es Migrant:innen erlauben, auf dem Schweizer Arbeitsmarkt Fuss zu fassen und ihrer Qualifikation, ihrer Neigung und ihren Fähigkeiten entsprechend aktiv zu sein – werden migrantische Sündenböcke konstruiert und soziale Probleme als «importiert» dargestellt.

Die Massnahmen der SVP-Initiative greifen damit nicht die wahren Ursachen von Missständen bei der Daseinsvorsorge (wie Gesundheit, Pflege, Wohnen, Verkehr,

10 B. Aulenbacher/H. Lutz/K. Schwiter (Hrsg.): Gute Sorge ohne gute Arbeit? Live-in Care in Deutschland, Österreich und der Schweiz, Weinheim: 2021; H. Lutz: Vom Weltmarkt in den Privathaushalt. Die neuen Dienstmädchen im europäischen Vergleich, Wiesbaden 2018; S. Schilliger/N. Riss: Im Verborgenen: Ausbeutung in Privathaushalten, in: SozialAktuell – die deutschsprachige Fachzeitschrift für Soziale Arbeit in der Schweiz, August 2024, S. 18–19; Knoll et al.: Wisch und weg!

11 S. Hall/C. Critcher/T. Jefferson/J. Clarke/B. Roberts: Policing the Crisis: Mugging, the State and Law and Order, London 1978.

Bildung) an. Vielmehr sind die durch die SVP benutzten Schlagworte wie Dichtestress, Wohnungsknappheit oder Ressourcenverschleiss ein Ablenkungsmanöver. Es ist nicht die Zuwanderung, sondern vielmehr die durch die SVP (mit-)betriebene jahrzehntelange Sparpolitik und die Unternehmer- und (Haus-)Eigentümer-freundliche Deregulierungsoffensive, die soziale Missstände massgeblich verursacht. Profiteure sind vor allem vermögende Kreise, die oft in der SVP selbst vertreten sind (wenngleich ein bedeutender Teil der SVP-Basis die negativen Konsequenzen dieser Politik zu spüren bekäme).

Das Dilemma der politischen Defensive

Doch auch die Gegner:innen der SVP-Initiative – von bürgerlicher wie teilweise auch linker Seite – bilden nicht einen echten Kontrapunkt zu den rechten, rassistischen Narrativen. Denn wenn die Legitimation der Zuwanderung fast ausschliesslich mit deren Nützlichkeit für die Schweiz begründet wird – «seht her, wie wichtig diese Migrant:innen doch für uns sind!» –, wird ein utilitaristischer Diskurs reproduziert, der migrantische Menschen auf ihre ökonomische Funktion reduziert. Damit normalisiert sich eine Dichotomie zwischen «guten» und «schlechten» Migrant:innen. Letztlich verfestigt es rassistische und koloniale Logiken, statt sie zu durchbrechen.[12]

Entsprechend lavieren die Parteien jenseits der SVP in ihren Kommentaren zur sogenannten Nachhaltigkeitsinitiative – und greifen zu allen möglichen Ideen und Vorschlägen, die der Bevölkerung das Gefühl geben sollen, man sorge sich um ihre Ängste und sei gewillt, ihrem «Bedürfnis» nach Zuwanderungsbeschränkung nachzukommen. So spricht sich der Bundesrat zwar dafür aus, gut

12 C. Achermann/A. Heindlmaier/S. Mantu/L. Pfirter: Welfare governance, in: Critical Social Policy 4/2024, S. 605–620.

ausgebildete Personen, die dank Familiennachzug in die Schweiz gekommen sind, besser in den Arbeitsmarkt einzubinden, ältere Arbeitslose bei der Stellensuche zu unterstützen oder mittels der Förderung von gemeinnützigem Wohnungsbau die Wohnungsnot zu mildern. Begleitet wird dies aber vom «Versprechen», Asylverfahren vermehrt an die Schengen-Aussengrenzen zu verlagern und die Bedingungen für Geflüchtete, die mehrmals ein Asylgesuch stellen, zu verschärfen.[13]

Diese Vorschläge umfassen weder Investitionen in die öffentliche Daseinsvorsorge noch konsequente Verbesserungen der Arbeitsbedingungen im Care-Sektor. Stattdessen droht mit einer solchen Politik ein Kompromiss zwischen neoliberalem Arbeitsmarktmanagement und national-konservativer Abschottungslogik, der die Rechte von Migrant:innen hierarchisiert. Im sogenannten «Festungskapitalismus» verliert dabei Nationalität tendenziell an Relevanz; immer wichtiger wird dagegen die Klassenzugehörigkeit.[14]

Feministische und postmigrantische Alternativen

Die aktuelle Auseinandersetzung um die SVP-Initiative zeigt, wie dringend es einer inklusiv-solidarischen Gegenposition bedarf. Erforderlich ist eine offensive feministische und gewerkschaftliche Politik, die die Aufwertung der Sorgeberufe, eine gerechte Anerkennung von Care-Arbeit und die Gleichstellung aller Beschäftigten – unabhängig von Herkunft, Geschlecht oder Aufenthaltsstatus – ins Zentrum stellt. Das Prinzip muss lauten: Lohnschutz statt Grenzschutz. Statt Care-Arbeit als billiges Importgut zu

13 C. Walser: So will der Bundesrat die 10-Millionen Initiative bekämpfen, in: Tages-anzeiger vom 29. Januar 2025.

14 F. Georgi: Grenzen und Bewegungsfreiheit. Eine kritische Einführung, Berlin 2025.

betrachten, braucht es verbindliche Arbeitsrechte, höhere Löhne, gute Arbeitsbedingungen. Dem autoritär-liberalen Diskurs ist ein Narrativ der inklusiven Solidarität entgegenzusetzen, das konkrete Alltagsrealitäten und die Bedürfnisse aller Arbeitnehmer:innen – ob mit oder ohne Migrationshintergrund – einschliesst und eine kollektive Mobilisierung für bessere Bedingungen fördert.

Eine solidarische Care-Politik ist dabei der Kern echter Nachhaltigkeit. Ein zukunftsfähiges Gesundheits- und Gesellschaftsmodell muss in einer alternden, pluralen Gesellschaft auf einer Form der Solidarität fussen, die materielle Gleichberechtigung, Aufwertung von (un- und unterbezahlter) Care-Arbeit und das Recht auf Migration miteinander verknüpft. Dazu ist ein Perspektivenwechsel in der Migrationspolitik dringend nötig. Denn eine nachhaltige Migrationspolitik ist eine postmigrantische Politik. Sie anerkennt, dass es keine Welt ohne Migration geben kann. Sie verschiebt die Diskussion vom Grundsatz «Pro oder Kontra Migration» hin zur Frage, wie sozial gerechte Teilhabe und gleiche Rechte für alle möglich werden.[15] Eine solche Politik macht Menschen mit Migrationsgeschichte sichtbar und bezieht sie ein. Ihre Erfahrungen und Anliegen müssen im Zentrum einer neu zu entwickelnden Solidarität stehen – einer Gesellschaft, die nicht entlang von Verwertbarkeit und Herkunft segmentiert, sondern auf gleiche soziale Rechte, demokratische Mitbestimmung und mehr Zeitsouveränität für alle setzt. Diesen Weg hin zu ausreichend Zeit für Fürsorge, zu guten Arbeitsbedingungen und Löhnen in den Care-Sektoren sowie zu demokratischer Teilhabe und einer solidarischen und inklusiven Migrationspolitik können wir nur gemeinsam gehen.

15 N. Foroutan: Die postmigrantische Gesellschaft, Bielefeld 2019.

Teil 3

Die Migrationsgesellschaft von Morgen

10-Millionen-Schweiz: (Über-)Strapazierung der öffentlichen Dienste und Infrastruktur?

Die Zuwanderung in die Schweiz belaste die öffentlichen Infrastrukturen und den Service public. Auf den Strassen, in den Bahnen und in den Wartezimmern der Ärzt:innen werde es eng. Was ist von solchen Argumenten zu halten? Ich beleuchte im Folgenden zwei Bereiche: die Gesundheitsversorgung und die Mobilität.

Gesundheitsversorgung: Personalmangel als Teufelsspirale

Das Schweizer Gesundheitswesen ist mit einer zentralen Herausforderung konfrontiert: dem Fachkräftemangel. Für den Pflegesektor sagt die Beratungsfirma Pricewaterhouse-Coopers (PwC) für das Jahr 2030 eine Lücke von 30.500 Fachkräften voraus. Das sind 16,1 Prozent des erforderlichen Personals,[1] jede sechste Pflegestelle wäre in diesem Fall nicht mehr besetzt. Hauptgrund: In der Schweiz werden viel zu wenig Pflegefachkräfte ausgebildet. Ähnlich ist

1 PWC: Schweizer Spitäler: So gesund waren die Finanzen 2021, 2022, https://www.pwc.ch/de/publications/2022/spitalstudie-2022.pdf, S. 34.

die Situation bei den Ärzt:innen. Hier mangelt es vor allem an Allgemeinpraktiker:innen (Hausärzt:innen): Der Bedarf ist nur zu 80 Prozent gedeckt. Es droht massives Ungemach, stehen doch überdies viele der praktizierenden Hausärzt:innen kurz vor der Pensionierung. Eine grosse Lücke besteht auch in der psychiatrischen Versorgung, was lange, oft leidvolle Wartezeiten zur Folge hat.

Ohne Fachleute aus dem Ausland wäre die Situation noch weitaus schlimmer. 30 Prozent der in der Schweiz tätigen Pflegefachpersonen haben ihre Ausbildung im Ausland absolviert.[2] In der Suisse Romande sind es 55 Prozent (!). Der ausländische Anteil bei den Ärzt:innen liegt schweizweit bei 40,4 Prozent.[3]

Wie sehr wir alle vom Personalmangel betroffen sind, wird an Zahlen deutlich, von denen die meisten Menschen schockiert sind, wenn sie davon hören. Eruiert und 2019 publiziert hat sie das Schweizerische Gesundheitsobservatorium Obsan. Demnach sterben 44 Prozent der Schweizer:innen in einem Pflegeheim, 37 Prozent in Spitälern und nur 19 Prozent zu Hause oder anderswo.[4] Die durchschnittliche Aufenthaltsdauer in einem Pflegeheim belief sich im Jahr 2024 auf 1,7 Jahre bei den Männern und auf 2,4 Jahre bei den Frauen.[5]

Der heute schon hohe Personalmangel in den Heimen hat Konsequenzen. 37 Prozent der Heimbewohner:innen über 65 Jahren erhalten starke Schizophrenie-

2 C. Merçay/A. Grünig/P. Dolder: Gesundheitspersonal in der Schweiz – Nationaler Versorgungsbericht 2021, Neuchâtel 2021, https://www.gdk-cds.ch/fileadmin/docs/public/gdk/themen/gesundheitsberufe/nichtun._gesundheitsberufe/versorgungsbericht/Obsan_03_2021_BERICHT-D_korr_def.pdf.

3 Schweizerische Ärztezeitung: FMH-Ärztestatistik 2023, 12/2024, S. 32–36, https://www.fmh.ch/files/pdf30/1377245206-de-fmh---aerztestatistik_0001-1.pdf?utm_source=chatgpt.com.

4 OBSAN: Aufenthaltsorte von älteren Menschen im letzten Lebensabschnitt, 2019, https://www.obsan.admin.ch/sites/default/files/2021-08/obsan_bulletin_2019-02_d.pdf.

5 Bundesamt für Statistik : Alters- und Pflegeheime. 2025, online: https://www.bfs.admin.ch/bfs/de/home/statistiken/gesundheit/gesundheitswesen/alters-pflegeheime.html (gelesen am 25.11.2025).

Medikamente (Neuroleptika), obwohl sie nicht an Schizophrenie leiden. Aber Neuroleptika eignen sich bestens, um Menschen ruhigzustellen[6] – und genau deshalb kommt es auch zu diesem skandalösen Medikamenteneinsatz: weil für eine angemessenen Pflegeeinsatz die Zeit fehlt. Neuroleptika haben erhebliche Nebenwirkungen und können die Lebenserwartung deutlich verkürzen.

Düstere Aussichten

Was kommt da erst auf uns zu, wenn der Personalnotstand sich nochmals verschlimmert?

Im November 2021 haben 61Prozent der Stimmenden die Pflegeinitiative angenommen. Die eidgenössische Volksinitiative beauftragt Bund und Kantone, «für eine ausreichende, allen zugängliche Pflege von hoher Qualität» zu sorgen, und sie verpflichtet den Bundesrat, rasch zu handeln. Regierung und Parlament allerdings verweigern eine wirksame und zeitnahe Umsetzung – in erster Linie deshalb, weil sie die nötigen finanziellen Mittel nicht bereitstellen wollen.

Doch von einer bestimmten Schwelle an entwickelt sich der Personalmangel zu einem fatalen Teufelskreis. Personalmangel führt zu einem erhöhten Arbeitsdruck beim verbleibenden Personal, welches dann Gefahr läuft, auszubrennen. Viele steigen in der Folge aus dem Job aus oder reduzieren ihre Pensen, was den Druck auf die Verbleibenden nochmals erhöht. Und so weiter. Die Gesundheitsversorgung gerät so in eine bedrohliche Abwärtsspirale. Verantwortlich dafür sind die bürgerlichen Mehrheiten in der Politik. Sie haben 20 Jahre lang untätig zugesehen, wie die Ausbildungslücken immer

6 R. Gamp: Altersheime stellen Senioren systematisch mit Pillen ruhig, in: Tagesanzeiger vom 12. Mai 2022, https://www.tagesanzeiger.ch/senioren-in-schweizer-altersheimen-werden-systematisch-mit-pillen-ruhiggestellt-111678568702.

mehr aufgegangen sind. Sie haben es vorgezogen, immer wieder neue Steuersenkungen für Unternehmen und für die reichsten Teile der Bevölkerung zu beschliessen, statt in die Ausbildung von genügend Personal zu investieren. Das mag die Parteispitzen der SVP wenig kümmern. Sie haben das erforderliche Kleingeld, um sich von privat angestelltem Fachkräften und in Luxuskliniken versorgen zu lassen. Für die grosse Mehrheit der Bevölkerung bleibt hingegen die bange Frage: Wer wird uns im Alter pflegen? Und wo finden wir einen Hausarzt oder eine Hausärztin?

Mobilität: Mensch oder Auto?

Im November 2024 hat eine Mehrheit von rund 53 Prozent der Stimmenden den Ausbau der Autobahnen abgelehnt. Hier sind tatsächlich Belastungsgrenzen erreicht, und das hat diese Mehrheit erkannt. Die letzten Jahrzehnte haben es Mal für Mal deutlich gemacht: Jeder weitere Ausbau der Strassen hat den motorisierten Strassenverkehr noch weiter anschwellen lassen. Staus wurden nicht mehr beseitigt, sondern nur noch verlagert.

Das heutige Verkehrsregime basiert überwiegend auf dem individuellen Autoverkehr. Rund 70 Prozent der Wegdistanzen im Verkehr zu Lande werden mit dem Auto zurückgelegt.[7] Damit einher geht eine immense Verschwendung an Material, Energie, Platz und paradoxerweise auch an Zeit. Autos wiegen im Schnitt rund 1,5 Tonnen, transportieren aber lediglich rund 150 Kilogramm Nutzlast. Sie transportieren also vor allem eines – sich selbst. Die Autos sind überdies in den letzten Jahren erheblich schwerer geworden: Im Jahr 2018 wog ein neu zugelassener Personenwagen im Durchschnitt 1.680 Kilogramm. Das sind 40 Prozent mehr als die durchschnittlichen

7 Bundesamt für Statistik: Mobilitätsverhalten der Bevölkerung. Ergebnisse des Mikrozensus Mobilität und Verkehr 2021, Neuchâtel 2023, S. 26.

1.200 Kilogramm aus dem Jahr 1990. Zum Vergleich: Ein traditionelles Fahrrad wiegt rund 15, ein E-Bike 20 bis 30 Kilogramm. Zudem werden Autos im Schnitt nur in einer von 24 Stunden pro Tag genutzt, stehen also 23 Stunden unproduktiv herum. Pro Auto ist im Schnitt eine Fläche von 140 Quadratmetern erforderlich (Strassen, Parkplätze). Sein Platzbedarf liegt damit dreimal über dem durchschnittlichen Wohnflächenbedarf einer Person. Und dies alles wofür? Im Schnitt liegt die faktische Durchschnittsgeschwindigkeit eines Personenwagens bei mageren 35 km/h. Eine solche Geschwindigkeit ist nicht sehr weit entfernt von derjenigen eines E-Bike.[8]

Der Autoverkehr belastet die Umwelt, die Lebensräume und das Klima zu erheblichen Anteilen. Mit dem Wechsel auf Elektro-Antriebe lässt sich dies nur unwesentlich ändern. Zwar sind Elektro-Motoren effizienter als Verbrennungsmotoren und sie emittieren im Betrieb auch keine Treibhausgase. In der Herstellung aber ist der Ressourcenverbrauch ebenfalls enorm. Die E-Autos sind überdies deutlich schwerer und der Platzbedarf bleibt natürlich derselbe wie bei Verbrennern.

Die nachstehende Abbildung 1 visualisiert das Ausmass der Platzverschwendung. Die drei Aufnahmen zeigen den Transport einer gleichen Anzahl von Personen. Die 60 Autos auf dem Bild, aufgestellt in vier Reihen, brauchen stehend rund 900 m^2 Fläche, der Bus gerade mal 36 m^2 und die Fahrräder etwa 70 m^2. Stünden die Autos in einer Reihe, würde die Autoschlange auf eine Länge von 300 Meter anwachsen; der Bus ist demgegenüber ganze 12 Meter lang (Fotos aufgenommen in der Stadt Münster).

8 H. Guggenbühl: Der Irrsinn als Rückgrat der (Auto-)Mobilität, in: Infosperber, 27. November 2015, https://www.infosperber.ch/umwelt/energiesparen/der-irrsinn-als-rueckgrat-der-auto-mobilitaet/; H. Guggenbühl: Warum die Effizienz im Strassenverkehr gesunken ist, Oktober 2019, https://www.infosperber.ch/wirtschaft/wachstum/warum-die-effizienz-im-strassenverkehr-gesunken-ist/.

Abbildung 1: Platzbedarf verschiedener Verkehrsträger im Stillstand
Quelle: Stadtwerke Münster

Die Relationen verschieben sich, wenn der Platzbedarf *in Bewegung* verglichen wird. Aber auch dann beansprucht eine Person im Bus 17,3-mal weniger Platz als eine Person in einem Auto.

Was also tun?

Es gibt nur einen sinnvollen Weg: raus aus der Auto-Sackgasse. Wir müssen den Anteil der privaten Autofahrten an der Gesamtmobilität drastisch reduzieren. Dies nicht nur aus Gründen der Klimapolitik, sondern auch um eine gigantische Verschwendung an Platz, Zeit und materiellen Ressourcen zu stoppen.[9]

Dazu muss der Nutzungsmix *auf den Strassen* geändert werden. Wo heute Privatautos dominieren, sollen dies künftig Busse, Velos und E-Bikes tun. Zwar verbleibt ein Rest an Automobilität, etwa für Warentransporte, für Notfälle und auch für ausgewählte private Nutzungen. Doch der Flächenbedarf kann dafür halbiert werden.

Dass dies funktionieren kann, belegen die Ergebnisse des ETH-Forschungsprojektes «E-Bike-City». In diesem Projekt untersuchen die Teams aus sieben Professuren

9 B. Ringger: Das System Change Klimaprogramm. Ein Denknetz-Buch, Zürich 2019, https://www.denknetz.ch/das-system-change-klimaprogramm-buch/.

des Departements Bau, Umwelt und Geomatik (D-BAUG) gemeinsam «die Auswirkungen einer urbanen Zukunft, die dem Velo, der Mikromobilität und dem öffentlichen Verkehr oberste Priorität einräumt».[10] Das Fazit des Projektes: «Auch bei wachsender Bevölkerung lässt sich städtische Mobilität bis 2050 nachhaltig und effizient gestalten, wenn die Hälfte des Strassenraums dem Langsamverkehr vorbehalten wird. In Zürich etwa könnte der Anteil der Veloinfrastruktur von 12,1 Prozent auf 54,3 Prozent steigen – durch Einbahnstrassen, ÖV-Trassen, Velospuren, Trottoirs sowie die Umnutzung von Parkplätzen».[11] Auch im Verkehr auf grössere Distanzen gäbe es eine einfache Massnahme: In weiten Teilen des Autobahnnetzes würde eine Spur für den ÖV reserviert werden, die andere Spur auf eine Überlandstrasse rückgestuft. Das heutige Netz der Autobahnen würde transformiert in ein Netz einer zukunftsfähigen Mobilität, das mit einem Bruchteil der Ressourcen des heutigen motorisierten Individualverkehrs auskommt und den wesentlichen Anteil an Mobilität dennoch bewahrt.

Umnutzung der Strassenfläche als Game-Changer

Flankiert würde eine solche neue Mobilitätswende durch den massiven Ausbau des Car-Sharing (Auto-Teilen). Die folgenden Zahlen machen das Potenzial deutlich. In der Schweiz sind auf 1.000 Personen insgesamt 540 Personenwagen zugelassen. Auf 1.000 Mitglieder der Car-Sharing Genossenschaft *Mobility* kommt hingegen gerade mal

10 Website des Projektes: https://ebikecity.baug.ethz.ch/.
11 F. Meyer: «Die fehlenden Visionen haben die Verkehrspolitik in die Sackgasse geführt». Interview mit Projektleiter und Verkehrswissenschaftler Kay Axhausen, 20. Mai 2025, https://ethz.ch/de/news-und-veranstaltungen/eth-news/news/2025/05/die-fehlenden-visionen-haben-die-verkehrspolitik-in-eine-sackgasse-gefuehrt.html.

ein Anteil von 11,34 Personenwagen an der gesamten Mobility-Flotte. Das sind 48-mal weniger Autos für eine gleiche Zahl von Personen.[12] Nun verzichten nicht alle Mobility-Kund:innen vollständig auf den Gebrauch von Privatautos. Die Mobility-Genossenschaft selbst schätzt, dass jedes ihrer Autos elf private PKW ersetzt. Wenn nun zusätzlich der öffentliche Verkehr und der Langsamverkehr stark zulegen würde, dann könnte die verbleibende Autoflotte zweifellos ganz erheblich reduziert werden. Pro 1.000 Personen braucht es dann vielleicht noch 30 Autos. Bei neun Millionen Einwohner:innen sind das noch 270.000 PKW statt der heutigen 4.761.000.[13]

Ausländische Fachkräfte retten die öffentlichen Dienste

Die These der SVP, wonach öffentliche Dienste und Infrastrukturen wegen der Immigration ausgebaut werden müssen, ist falsch. Vielmehr verhält es sich gerade umgekehrt: Die öffentlichen Dienste lassen sich nur deshalb sichern, weil dafür ausreichend neue Fachkräfte aus dem Ausland verfügbar sind. Und für den Ausbau der Infrastrukturen – zum Beispiel der Strassen – werden ebenfalls überwiegend Gastarbeiter:innen eingesetzt.

Für die Gesundheitsversorgung ist dies gut ausgewiesen. Für andere Bereiche wie die Kehrrichtabfuhr oder für die Strassenreinigung dürfte dies ebenfalls seit vielen Jahren so sein, auch wenn hier genaue Daten fehlen. Aber auch im Bildungswesen steigt der Anteil an Lehrkräften aus anderen Ländern. Im Schuljahr 2010/11 betrug

12 Mobility-Genossenschaft: Jahresbericht 2022. 2022, online: https://www.mobility.ch/fileadmin/files/documents/annual-reports/mobility-carsharing-geschaeftsbericht-2022-DE.pdf (gelesen am 24.3.2024).

13 M. Fischer/R. Gurny/V. Keller-Dalang/G. Latzel/A. Masé/B. Ringger: Mensch oder Auto?, Mai 2024, https://www.denknetz.ch/wp-content/uploads/2024/05/202405_Fischer-et-al.pdf.

ihr Anteil an den öffentlichen Schulen noch 4,90 Prozent. Heute (Schuljahr 2023/24) liegt er bei 8,32 Prozent.[14] Mit anderen Worten: Der Lehrer:innenmangel wäre ohne Lehrpersonen, die im Ausland ausgebildet worden sind, deutlich höher.

Die Schweiz kann sich glücklich schätzen, dass Menschen aus anderen Ländern hier arbeiten und leben wollen. Nötig wäre allerdings, deutlich mehr Mittel in öffentliche Dienste und besonders in das Personal zu investieren – in die Ausbildung, in gute Arbeitsbedingungen –, zum Beispiel im Gesundheitswesen. Nötig wäre dies gerade auch, weil wir nicht auf alle Ewigkeit damit rechnen dürfen, Personalengpässe in der Schweiz ohne Umstände mit ausländischen Fachkräften decken zu können. In dem Masse, wie sich die Arbeitsbedingungen in unseren unmittelbaren Nachbarländern Deutschland, Frankreich und Italien denjenigen der Schweiz angleichen, wird die entsprechende Immigration versiegen.

Doch für eine solche Politik stehen gerade jene Parteien nicht zur Verfügung, die dann handkehrum für alle Probleme die Ausländer:innen verantwortlich machen: Die SVP und in zunehmendem Masse auch die FDP. Sie sind das Problem, nicht die «Lösung».

14 Bundesamt für Statistik, Statistische Tabellen, online: https://www.pxweb.bfs.admin.ch/pxweb/de/ (abgerufen am 25. November 2025). Eigene Abfrage: Lehrkräfte nach Schuljahr, Kanton, Staatsangehörigkeit und Bildungsstufe in öffentlichen Schulen. Prozentberechnung durch den Autor.

Eine nachhaltige 10-Millionen-Schweiz

Als die SVP mitten im Wahlkampfsommer 2023 die «Nachhaltigkeitsinitiative» lancierte, war sie noch komplett grün gefärbt. Man benötige die Bevölkerungsbegrenzung auf zehn Millionen «zum Schutz unserer Umwelt, unserer Lebensqualität, unseres Wohlstandes sowie für eine sichere Zukunft für uns und unserer Kinder,» hiess es damals noch.[1] Inzwischen bereitet das Thema Umwelt der Schweizer Bevölkerung etwas weniger Sorgen.[2] Es dient heute der medialen Anstiftung von Kulturkampf und triggert alle von der FDP bis zu den autoritären Rechten. Gleichzeitig hat die europaweite Stimmungsmache der extremen Rechten gegen Migrant:innen gewirkt und ihnen einige Wahlerfolge eingebracht. Konsequenz: Von der Umwelt und der Zukunft unserer Kinder hört man aufseiten der SVP nichts mehr. Umso schriller sind dafür ihre

1 SVP: Lancierung eidgenössische Volksinitiative – «Keine 10-Millionen-Schweiz! (Nachhaltigkeits-Initiative)», 4. Juli 2023, https://www.svp.ch/aktuell/publikationen/medienmitteilungen/lancierung-eidgenoessische-volksinitiative-keine-10-millionen-schweiz-nachhaltigkeits-initiative/.

2 SRF News: Sorgenbarometer: Die finanziellen Sorgen sind grösser geworden, 12. Dezember 2024, online: https://www.srf.ch/news/schweiz/sorgenbarometer-gesundheitsfragen-beschaeftigen-in-der-schweiz-stark.

Warnungen vor der «masslosen Zuwanderung». Die Natur wird höchstens noch in einem Verwirrspiel rund um das Nein der Stimmbevölkerung zum Autobahnausbau im November 2024 bemüht: Das Volk wolle die Natur nicht zubetonieren, weil es schon heute zu viele Ausländer:innen auf den Strassen gebe.[3] Märchenstunde mit der SVP.

Die SVP, die das Umweltargument von Anfang an als halbherzigen Vorwand für ihre Abschottungsinitiative benutzt hatte, wird diese Schiene im Abstimmungskampf voraussichtlich nicht mehr fahren.

Viel mehr spielt die SVP heute auf ihrem traditionellen Themenfeld: Es gebe zu viele Menschen in der Schweiz – in den Badis, im ÖV und auf dem Wohnungsmarkt. Schuld sei die Zuwanderung. Die Diskussion um die Verdichtung der Schweiz wird so rechtskonservativ und nicht (mehr) entlang eines ökologischen Narrativs geführt.

Dieser Beitrag diskutiert zuerst, wieso die Initiant:innen der «Nachhaltigkeitsinitiative» in ökologischen Fragen nicht glaubwürdig sind und wie das progressive Lager gegen die Initative mobiliseren sollte. Am Beispiel von Raumplanung, Mobilität und Biodiversität zeigt der Text dann auf, dass nicht die Zuwanderung, sondern die ökonomische Ungleichheit eine nachhaltige Schweiz verhindert. Der Beitrag schliesst mit einer eigenen solidarischen und gerechten Version der nachhaltigen Schweiz. Diese richtet sich gegen nationale Grenzen für globale Probleme und plädiert für eine humanistische statt einer konservativen Ökologie.

3 SVP: Nein zur Autobahn-Entlastung – jetzt ist die Mineralölsteuer zu senken und die masslose Zuwanderung zu stoppen!, 24. November 2024, https://www.svp.ch/aktuell/publikationen/medienmitteilungen/nein-zur-autobahn-entlastung-jetzt-ist-die-mineraloelsteuer-zu-senken-und-die-masslose-zuwanderung-zu-stoppen/.

Mobilisierung gegen die Pseudoökologie der SVP

Vor gut zehn Jahren wurde die SVP-Initiative «Gegen Masseneinwanderung» mit 50,3 Prozent der Stimmen angenommen. Dieses Trauma wirkt bei den progressiven Kräften bis heute nach und prägt weiterhin unsere Strategien gegen die migrationsfeindliche Politik der SVP. Dass das Zusammenspannen der Linken mit Vertreter:innen der Wirtschaft 2014 nicht ausreichte, um den Isolationismus der SVP zu besiegen, ist besorgniserregend. Aber eine detaillierte Analyse der Ereignisse vom 9. Februar 2014 zeigt, dass ein Abstimmungssieg dieses Mal möglich ist, wenn wir aus den Gründen für die damalige Niederlage die richtigen Schlüsse ziehen.

Erstens war die Mobilisierung aufseiten der Gegner:innen der «Masseneinwanderungsinitiative» besonders schwach, während die SVP es schaffte, ihre Basis an die Wahlurnen zu bringen: «Gemäss Modellrechnung kann geschlossen werden, dass die Beteiligung unter Personenfreizügigkeit-Skeptikern um 7 Prozentpunkte grösser war als unter Öffnungs-Befürwortern. Ohne diese asymmetrische Mobilisierung des konservativen Lagers, wäre die Zustimmung zur MEI bei 47 statt bei 50 Prozent gelegen.»[4]

Zweitens wurde das Hauptargument der Gegenkampagne – dass die Schweiz eine Abschottung gegenüber der EU riskiere – von der Stimmbevölkerung nicht ernst genommen: «Das Hauptargument der Gegnerschaft, die Beschränkung der Einwanderung ‹verstosse gegen das Personenfreizügigkeitsabkommen mit der EU und werde die Kündigung der bilateralen Verträge nach sich ziehen›, besass weniger Überzeugungskraft.»[5] Die SVP hatte

4 M. Hermann: Politgeografische Studien zur Masseneinwanderungsinitative, Zürich 2014.

5 P. Sciarini/A. Nai/A. Tresch: Analyse der eidgenössischen Abstimmung vom 9. Februar 2014 – VOX Analyse, Bern/Zürich, 2014.

leichtes Spiel: Sie konnte behaupten, dass Verhandlungen mit der EU im Nachgang zur Abstimmung ausreichen würden, um die bilateralen Verträge zu retten, weil die Frage der Konsequenzen einer Annahme der «Masseneinwanderungsinitiative» für die bilateralen Verträge im Initiativtext absichtlich offengelassen worden waren.

Gegner:innen der migrationsfeindlichen SVP-Politik sollten dieses Mal eher auf Basis der Migrationsfeindlichkeit und Unmenschlichkeit der «Nachhaltigkeitsinitiative» als mit Argumenten zu den Herausforderungen im Bereich Wohnen oder Verkehr mobilisiert werden. Wohnen und Mobilität gehören auch unter linken Wähler:innen zu den Sorgenthemen und auch sie verbinden Bevölkerungswachstum mit negativen Entwicklungen in diesen Bereichen.[6] Gegenargumente, die wir auch in diesem Sammelband finden, sind inhaltlich zudem nicht einfach zu transportieren. Nicht zuletzt ist die Linke meist gar nicht in der Lage, ihre Lösungen in den erwähnten Bereichen umzusetzen, weil ihr die politischen Mehrheiten fehlen. Es handelt sich also um keine einfache Ausgangslage für die Mobilisierung gegen die «Nachhaltigkeitsinitiative».

Es muss deshalb viel eher ein *Kampf der Werte* als eine komplexe technische Debatte über Raumplanung, Verkehrsverlagerung oder Mietzinskontrollen angestrebt werden, um eine entschlossene, klare Botschaft an unsere Basis zu senden.

6 Wie alle Wähler:innen verbinden auch Wähler:innen linker Parteien Bevölkerungswachstum mit Herausforderungen in der Wohn- und Verkehrspolitik. Gleichzeitig lehnen nur die Wähler:innen der Grünen Wirtschaftswachstum ab, während sich «bei den Anhängerschaften von SP sowie SVP und Personen ohne Parteibindung fast keine Tendenz ausmachen» lässt (die Wähler:innen anderer Parteien unterstützen Wirtschaftswachstum deutlich). Ausserdem sehen sowohl die Grünen- als auch die SP-Sympathisant:innen keinen grossen Handlungsbedarf im Bereich Migration, während bei allen anderen Parteien der wahrgenommene Handlungsbedarf tendenziell zunimmt; vgl StrategieDialog21: Chancenbarometer 2024: Das Einwanderungsland benötigt einen Umbau, 2024, https://www.strategiedialog21.ch/files/sd21/images/chancenbarometer-09-2024/2024-09-09_CB24_Gesamtmagazin_FINAL.pdf.

Die Initiative erleichtert uns zum Glück diese Aufgabe, indem sie eindeutig festhält: Der Familiennachzug wird ab einer Wohnbevölkerung von 9,5 Millionen abgeschafft – eine Zahl, die laut dem Bundesamt für Statistik (BFS) bereits 2030 erreicht sein wird.[7]. Ab zehn Millionen (laut BFS 2035 zu erwarten[8]) werden die bilateralen Verträge gekündigt und das Asylrecht faktisch abgeschafft. Das Saisonnierstatut wird ebenfalls wieder eingeführt, da nur Personen, die über zwölf Monate in der Schweiz verbringen, zur ständigen Wohnbevölkerung zählen.

Wenn wir im Abstimmungskampf diese Forderungen der Initiative hervorheben, können wir eindeutig aufzeigen, dass die Initiative nicht nur extrem ist, sondern auch ein dunkles Kapitel der Schweizer Migrationsgeschichte wieder aufleben lassen will, als Saisonniers ein elendes Dasein in Bretterbuden fernab ihrer Familien fristeten. Wir müssen betonen, dass diese Initiative einen präzedenzlosen Bruch mit den Menschenrechten einläuten würde.

Dies bedeutet keineswegs, dass die falschen Nachhaltigkeitsargumente der SVP nicht entlarvt werden müssen. Erstens, weil Menschen intuitiv die Bevölkerungsgrösse mit deren Auswirkung auf die Umwelt verbinden.[9] Zweitens, weil diese Frage die Abstimmungskampagne indirekt prägen wird. Die SVP wird das Argument der «Zubetonierung» einsetzen und so ein Bild benutzen, das in der ökologischen Bewegung fest verankert ist und wohl ins Schwarze treffen könnte.

Dem Schreckensbild der zubetonierten Schweiz sollten wir im Abstimmungskampf wie folgt begegnen: Erstens ist das Problem nicht die Anzahl Menschen auf

7 Bundesamt für Statistik: Szenarien zur Bevölkerungsentwicklung der Schweiz und der Kantone, 2025–2055, 15. April 2025, https://www.bfs.admin.ch/bfs/de/home/statistiken/bevoelkerung/zukuenftige-entwicklung/schweiz-szenarien.assetdetail.34687099.html

8 Ebd.

9 StrategieDialog21: Chancenbarometer 2024.

der Erde – und schon gar nicht in der Schweiz –, sondern der Ressourcenverbrauch jeder einzelnen Person. Eine Schweiz mit zehn Millionen Christoph Blochers wäre tatsächlich von Genf bis Schaffhausen lückenlos zubetoniert. Wie bei allen Umweltfragen lautet die Antwort auch hier soziale Gerechtigkeit und eine gerechte Verteilung von Ressourcen, Raum und Energie.

Zweitens haben die Initiant:innen keine Glaubwürdigkeit beim Thema Umweltschutz. Im Gegensatz zur komplexen Ecopop-Bewegungen ist SVP-Politik sehr eindeutig: Die Partei stimmt für mehr Autobahnen, eine stärkere Beanspruchung des Bodens durch Zweitwohnungen, gegen das Pariser Klimaabkommen und für Baubewilligungen in geschützten Naturräumen in der Schweiz. Man darf sich über die Absichten der SVP nicht täuschen lassen: Wenn man SVP-Politik umsetzen würde, wäre das ganze Mittelland schon längst zubetoniert und es gäbe einen dramatischen Zusammenbruch der Biodiversität.

Das Argument der Glaubwürdigkeit muss von den Gegner:innen der Initiative uneingeschränkt genutzt werden.

Ökonomische Ungleichheit verhindert eine nachhaltige Schweiz

Der Zusammenhang zwischen verfügbarem Einkommen und Klimabelastung ist umfassend dokumentiert. Die reichsten 10 Prozent der Weltbevölkerung sind seit 1990 für zwei Drittel der CO_2-Emissionen verantwortlich.[10] Die grosse Mehrheit der Schweizer Bevölkerung gehört zu den reichsten 10 Prozent der Weltbevölkerung. Aus dieser Perspektive wird deutlich, wie unsere Klimabilanz

10 S. Schöngart/Z. Nicholls/R. Hoffmann/S. Pelz/C. Schleussner: High-income groups disproportionately contribute to climate extremes worldwide, in: Nature Climate Change 15/2025, S. 627–633.

von den geoökonomischen Realitäten geprägt wird. Zwei Überlegungen dazu: Erstens leiden selbst in einem der reichsten Länder der Welt viele Menschen unter prekären Lebensbedingungen. Gerade die bevorzugten Zielscheiben der SVP, nämlich Asylsuchende, Menschen ohne legalen Status und vorläufig Aufgenommene, leben häufig in einer Situation systemischer Prekarität. Würde die Schweiz mehr Menschen aufnehmen, die vor Konflikten oder prekären Verhältnissen in Drittländern fliehen, hätte es kaum eine Auswirkung auf die Klimabilanz der Schweiz.

Für eine nachhaltige Schweiz müssten, zweitens, angesichts des hohen Wohlstands in der Schweiz Einschränkungen geltend gemacht werden. Indem beispielsweise Privatjets verboten und Flugreisen reduziert werden, indem ein neuer Solarstandard für Bauten eingeführt und ein Ausstiegstermin für fossile Heizungen festgelegt wird. Man darf auch nicht vergessen, dass der Finanzplatz Schweiz globlal für mindestens das 18-Fache der Gesamtemissionen der Schweiz verantwortlich ist.[11] Der Ausstieg aus Investitionen in fossile Energien durch die Regulierung von Banken oder grossen multinationalen Unternehmen ist daher der wirksamste Weg, das globale Klima aus der Schweiz heraus zu schützen.

Es geht insofern nicht um die Anzahl der Menschen, die in der Schweiz leben, sondern um ihren Verbrauch an Ressourcen und fossilen Energien.

Dieser Beitrag hat zum Ziel, Denkanstösse und praktische Argumente für die Abstimmungskampagne in den Bereichen Raumplanung, Mobilität und Biodiversität zu teilen – für unsere Debatten auf der Strasse, am Arbeitsplatz, in der Familie und in der Öffentlichkeit.

11 Vgl. https://finanzplatz-initiative.ch/.

Raumplanung

Die Entwicklung der überbauten Fläche in der Schweiz ist von der Bevölkerungszunahme entkoppelt. Seit dem Ende des Ersten Weltkrieges hat die überbaute Fläche in der Schweiz um ein Fünffaches zugenommen, während sich die Bevölkerung in derselben Periode nur verdoppelt hat.[12] Die zubetonierte Fläche nimmt also viel schneller zu als die Bevölkerung. Eine Reduktion der Zuwanderung hätte nur wenig Wirkung auf die Zersiedlung, weil vor allem der *durchschnittliche* Flächenverbrauch in der Schweiz stark zugenommen hat. Gründe dafür sind die Alterung der Bevölkerung und die Transformation des Familienmodells. Die Zahlen sprechen eine deutliche Sprache: «1980 wurden pro Person durchschnittlich 34 m^2 bewohnt, 1990 waren es 39 m^2 und im Jahr 2000 bereits 44 m^2.»[13] Die Zunahme erfolgt inzwischen deutlich langsamer. 2021 erreichte der Flächenverbrauch pro Kopf 46,6 m^2 und: «seit 2005 ist die durchschnittliche Wohnfläche bei neugebauten Wohnungen rückläufig».[14]

Im Flächenverbrauch gibt es erhebliche Ungleichheiten. Obwohl der durchschnittliche Wohnraum pro Person im Laufe der Zeit zugenommen hat, konnten längst nicht alle von dieser Komfortsteigerung gleichermassen profitieren. Der Besitz von Wohneigentum korreliert zum Beispiel mit einem grösseren Flächenverbrauch.[15] Mit der Ausbreitung der Städte sind Einfamilienhäuser zunehmend zu einem Luxusgut geworden. Jedoch stellen sie weiterhin 60 Prozent des Wohnbestandes dar, obwohl

12 T. Angeli/D. Benz: Wie die Schweiz zubetoniert wird – und was dagegen hilft, in: Beobachter vom 27. September 2018.

13 C. Sommaruga: Wohnfläche pro Kopf. Analyse des Pro-Kopf-Wohnflächenverbrauchs und Strategie für einen gerechteren und faireren Wohnflächenverbrauch, Postulat ans Schweizer Parlament 23.3427. 17. März 2023, https://www.parlament.ch/de/ratsbetrieb/suche-curia-vista/geschaeft?AffairId=20233427.

14 Ebd.

15 Ebd.

sie nur 27 Prozent der Bevölkerung beherbergen. Die Ungleichheiten sind offensichtlich: Die durchschnittliche Wohnfläche pro Person sind in einem Einfamilienhaus 25 Prozent grösser als in einem Mehrfamilienhaus, auch ohne die sonstige Grundstücksfläche zu berücksichtigen. Dabei soll nicht vergessen gehen, dass die Hälfte der Einfamilienhäuser von maximal zwei Personen bewohnt wird.[16]

Christoph Blocher ist das beste Beispiel dafür: Mit ca. 3.000 m^2 Grundstücksfläche pro Person bewohnt er fast sieben Mal so viele Fläche wie ein:e durchschnittliche:r Bewohner:in des Landes. Seine Zweitwohnungen, zu denen das Schloss Rhäzüns mit mindestens 500 m^2 Grundfläche zu seinem ausschliesslichen persönlichen Eigenbrauch gehören, sind da noch nicht einmal mitgezählt.

Auf der anderen Seite hat Armut ebenfalls direkte Auswirkungen auf die Wohnverhältnisse. Wie das Bundesamt für Statistik schreibt: «Von Armut oder prekären Lebenslagen betroffene Haushalte leben ausserdem häufiger als andere in beengten Verhältnissen, in Wohnungen mit mangelnder Qualität oder an schlechter Lage, beispielsweise mit Verkehrsbelästigung oder schlechter Verkehrsanbindung. Für Personen, die in den grossen Agglomerationen und Städten wohnen, ist die Situation noch schwieriger, da der Wohnungsmarkt dort besonders angespannt ist.»[17] Da insbesondere Migrant:innen aus Südeuropa und dem globalen Süden ein grösseres Armutsrisiko haben[18] als Personen mit Schweizer Bürgerrecht,

16 Wüest Partner: Das Verdichtungspotenzial von Einfamilienhausparzellen. 29. Juni 2023, https://www.wuestpartner.com/ch-de/2023/06/29/das-verdichtungs-potenzial-von-einfamilienhausparzellen-realisierbar-oder-nur-theoretisch/.

17 Bundesamt für Wohnungswesen: Wohnen und Armut, 13. Juni 2024, https://www.bwo.admin.ch/de/wohnen-und-armut.

18 Bundesamt für Statistik: Armutsgefährdung, nach verschiedenen soziodemografischen Merkmalen, 2025, https://www.bfs.admin.ch/bfs/de/home/statistiken/wirtschaftliche-soziale-situation-bevoelkerung/soziale-situation-wohlbefinden-und-armut/armut-deprivation/armutsgefaehrdung.assetdetail.34487031.html.

ist die Zersiedlung eher auf die Wohnaspirationen der Schweizer Bevölkerung als auf die zugewanderter Personen zurückzuführen.

Diese Entwicklungen sind nicht unabwendbar. Der Zersiedlungstrend wurde nach der Annahme des Raumplanungsgesetzes im Jahr 2013 stark gebremst – wobei die SVP sich erbittert gegen das Gesetz gewehrt hatte. Das Prinzip der neuen Raumplanung ist einfach: Bereits bestehende Bauzonen werden verdichtet und nach innen weiterentwickelt. So wurden gemäss dem Bundesamt für Raumentwicklung in den Jahren nach der Implementation des Gesetzes 390 Hektar Baufläche ausgezont und dürfen nicht mehr überbaut werden.[19] Mehr Personen leben und arbeiten heute auf der gleichen Fläche als noch 2012: Die Bauzonenfläche pro Kopf ist von 309 m^2 im Jahr 2012 (damals hatte die Schweiz fast 8 Millionen Einwohner:innen) auf 282 m^2 im Jahr 2022 (mit 8,8 Millionen Einwohner:innen) zurückgegangen.[20] Diese Statistiken zeigen, dass die Migration nicht mit dem Flächenverbrauch korreliert. Es braucht vielmehr politische Entscheidungen im Bereich Bodenschutz, um die Zubetonierung der Schweiz zu stoppen.

Eine Studie der Immobilienfirma Wüest Partner hat berechnet, wie viele zusätzliche Einwohner:innen innerhalb der bestehenden Bauzonen in der Schweiz ein neues Zuhause finden könnten: Eine Million auf der bereits überbauten Fläche bzw. 1,5 Millionen auf noch nicht überbauten Flächen.[21] Eine 11,5-Millionen-Schweiz wäre innerhalb bestehender Bauzonen möglich.

Damit dies sozial verträglich gelingen kann, ist die Qualität der Bau- und Siedlungsprojekte von zentraler

19 Bundesamt für Raumentwicklung: Zehn Jahre RPG1, Mai 2024, https://www.are.admin.ch/dam/de/sd-web/atj8PvuNuDLx/standbericht-zehn-jahre-rpg1.pdf.
20 Ebd.
21 Espazium: La LAT1 était en avance sur son temps, 13. Mai 2024, https://www.espazium.ch/fr/actualites/la-lat-1-etait-en-avance-sur-son-temps.

Bedeutung. Leider ist sie zurzeit nicht (immer) gegeben, weil Immobilienspekulation, das Fehlen von Boden im Besitz der öffentlichen Hand und ein zu schwacher politischer Wille zu niedriger Siedlungsqualität führen. Quartiere mit gleicher Wohndichte können für die Bewohner:innen Himmel oder Hölle sein. Für hohe Lebensqualität benötigen wir grüne, autofreie Siedlungen, öffentliche Räume, Parks, Nachbarschaftsläden, gemeinnützigen Wohnungsbau dank Wohnbaugenossenschaften und öffentliche Infrastruktur wie Kitas, Schulen und Betreuungsinstitutionen für ältere Menschen. Beispiele dafür sind Kalkbreite in Zürich oder das Warmbächli in Bern.

Die Herausforderung liegt ausserhalb der Bauzonen

Die Situation innerhalb der Bauzonen hat sich entschärft. Die Herausforderung liegt heutzutage ausserhalb der Bauzonen. Ein Drittel aller Bauten befindet sich dort. Davon besteht wiederum ein Drittel aus Wohngebäuden. Die Anzahl landwirtschaftlicher Gebäude ausserhalb von Bauzonen ist ebenfalls hoch. Jedes Jahr wird Ackerland aufgegeben und der Wandel in der Landwirtschaft könnte dazu führen, dass landwirtschaftliche Gebäude zunehmend als Wohnraum genutzt werden. Auch der Tourismus trägt weiterhin zur Zersiedlung des Landes bei. 36 Prozent aller Wohnungen im Wallis und 37 Prozent aller Wohnungen in Graubünden sind Zweitwohnungen. Obwohl dieser Trend durch die Initiative «Schluss mit Zweitwohnungen» gebremst wurde, gibt es weiterhin mehrere Möglichkeiten, diese Initiative zu umgehen, beispielsweise durch die Vermietung von Ferienwohnungen. Die Zunahme von Zweitwohnungen hat nichts mit der Zuwanderung von Arbeitnehmer:innen oder schutzbedürftigen Menschen zu tun, ausser dass der Tourismus ohne ausländische Arbeitskräfte, die 44 Prozent der Beschäftigten im Hotel- und Gastgewerbe ausmachen, gar nicht funktionieren würde.

Es geht der SVP nicht darum, behördliche Massnahmen zur Vorbeugung der Zersiedlung zu fördern, sondern mit falschen Argumenten eine fremdenfeindliche Rhetorik zu bedienen. Der Beweis: Sie hat sich gegen die Beschränkung von Zweitwohnungen ausgesprochen, obwohl diese Massnahme bei der Eindämmung der Zubetonierung der Schweiz eine Schlüsselrolle spielt. Sie hat sich auch gegen die Revision des Raumplanungsgesetzes ausgesprochen, das eine strikte Trennung zwischen Bauzonen und Nicht-Bauzonen vorsieht und die Verdichtung bereits überbauter Gebiete zu einem zentralen Ziel erhebt. Im Parlament setzen sich die SVPler:innen besonders stark für die Aushöhlung der Grundsätze des Raumplanungsgesetzes ein, manchmal mit Erfolg.

Wie bei allen Ressourcen braucht es auch beim Boden eine Umverteilungspolitik, um eine Vereinnahmung durch eine sehr reiche Minderheit zu verhindern, und Schutzmassnahmen, um den Flächenverbrauch zu reduzieren. Ohne soziale Gerechtigkeit und Umweltschutzmassnahmen wird die Zersiedlung weiter gehen.

Mobilität

Mobilität ist der Bereich, in dem die Zubetonierung und die ökologische Belastung gleich jetzt massiv reduziert werden könnten. Die Hälfte der Pendler:innen fährt mit dem eigenen Auto zur Arbeit. Trotz massiver Investitionen in die Bahn und den öffentlichen Verkehr hat sich dieser Anteil seit den 1990er-Jahren nicht verändert. Mit einer Auslastung von 1,1 Personen pro Fahrzeug beanspruchen Autos besonders viel Fläche. Bei 4,7 Millionen zugelassenen Autos, die alle auf 10 m^2 grossen Parkplätzen abgestellt werden müssen, kommt man auf mindestens 47 km^2 Parkfläche für Autos in der Schweiz, was fast der Gesamtfläche der Stadt Bern entspricht.

Was die Klimabilanz der Mobilität angeht, schneiden der Fuss- und Veloverkehr natürlich am besten ab. Für längere Strecken ist der Zug in der Schweiz besonders ökologisch, da er fast nur mit Ökostrom fährt.[22]

Lösungen für eine klimafreundliche, lärmarme und platzschonende Mobilität sind vorhanden, werden aber unabhängig vom Bevölkerungswachstum in der Schweiz nicht ausreichend umgesetzt. Viele befürchten überfüllte öffentliche Verkehrsmittel. Aber unsere Züge weisen eine durchschnittliche Auslastung von nur einem Drittel auf. Ausserhalb der Spitzenzeiten sind die Züge grundsätzlich nicht voll und haben ein grosses Potenzial, mehr Reisende aufzunehmen. Deshalb müssen wir darauf setzen, dass Stundenpläne von Bildungseinrichtungen angepasst werden und vermehrt die Möglichkeit angeboten wird, im Home Office arbeiten zu dürfen, damit Pendlerströme verteilt und reduziert werden.

Anstatt die Wirkung der Investitionen in den Schienenverkehr durch ebenso hohe Investitionen in den Strassenverkehr zu schwächen, soll die Politik eine klare Entscheidung treffen und die effizientesten Verkehrsträger eindeutig bevorzugen. Die Frage der Preise im öffentlichen Verkehr ist ebenfalls entscheidend, um Menschen in Ballungsräumen für den öffentlichen Verkehr zu gewinnen. Die Kosten des Autoverkehrs sind inflationsbereinigt gesunken, während die Preise für Bahnreisende ständig gestiegen sind.[23] Die Ticketpreise im öffentlichen Verkehr

22 SBB: E-Auto oder Zug? Und ist das E-Velo wirklich so nachhaltig?, 6. Mai 2022, https://news.sbb.ch/artikel/111186/e-auto-oder-zug-und-ist-das-e-velo-wirklich-so-nachhaltig.

23 Vgl. z. B. UmverkehR: Medienkommentar zu den neuen Zahlen des Preisüberwachers, 3. September 2024, https://www.umverkehr.ch/aktuell/medienmitteilungen/2024-09-03/medienkommentar-zu-den-neuen-zahlen-des-preisueberwachers.

müssen unbedingt gesenkt werden, damit Bahn, Tram und Bus zu einem echten Service Public werden.

Die Hälfte aller in der Schweiz zurückgelegten Wege sind unter fünf Kilometer. Hier ist das Velo die praktikabelste Alternative. Es fehlt jedoch überall an sicherer, zusammenhängender Veloinfrastruktur, um einen grösseren Teil der Bevölkerung zu einem Wechsel auf ein Velo mit oder ohne Elektroantrieb zu bewegen.

Um die aktuellen Mobilitätsprobleme zu lösen, braucht es einen politischen Wandel. Eine Schweiz mit zehn, elf oder zwölf Millionen Fussgänger:innen, Velofahrer:innen oder Nutzer:innen öffentlicher Verkehrsmittel wird die Umwelt weniger belasten und weniger Fläche beanspruchen als eine Schweiz mit acht Millionen Autofahrer:innen.

Biodiversität

Der Zustand der Biodiversität in der Schweiz ist besorgniserregend. Die Initiant:innen der «Nachhaltigkeitsinitiative» argumentieren, dass eine Bevölkerungszunahme den Druck auf unsere Naturräume erhöht und wir gleichzeitig den heutigen Selbstversorgungsgrad an Nahrungsmitteln (der Nettowert liegt bei ca. 50 Prozent) erhalten müssen. Wenn wir mehr Menschen ernähren müssen, brauchen wir mehr Ackerfläche, so die Argumentation. Was diese Vision jedoch ausser Acht lässt, ist der nötige Wandel im Gesamtsystem der Lebensmittelproduktion.

Verschiedene Aspekte müssen dabei berücksichtigt werden: Erstens fordert die von der Bundesverwaltung ausgearbeitete «Klimastrategie Landwirtschaft und Ernährung 2050»[24] eine Änderung unserer Essgewohnheiten.

24 Bundesamt für Landwirtschaft: Klimastrategie Landwirtschaft und Ernährung 2050, 27. Januar 2025, https://www.blw.admin.ch/de/klimastrategie-landwirtschaft-und-ernaehrung-2050.

Die Rettung von Lebensmitteln hat grosses Potenzial. Wir verschwenden gegenwärtig ein Drittel unserer Lebensmittel. Der Konsum von tierischen Produkten muss reduziert werden, da fast 60 Prozent der hiesigen Ackerfläche für den Anbau von Futtermitteln verwendet werden. Wenn wir unsere Systeme der Lebensmittelversorgung ändern würden, könnten wir die Biodiversität besser schützen und gleichzeitig mehr Menschen ernähren.

Setzt sich die SVP dafür ein? Nein. Sie streut Sand ins Getriebe von Reformen und hat auch alles darangesetzt, einen Gegenvorschlag zur Biodiversitätsinitiative zu verhindern, der finanzielle Mittel für den Naturschutz freigesetzt hätte. Leider war sie damit erfolgreich.

Echte Nachhaltigkeitspolitik ist global und humanistisch

Inzwischen wird deutlich geworden sein, dass nicht jeder Mensch die Umwelt gleich stark belastet. Vielmehr tragen einige sehr reiche Menschen einen grossen Teil der Verantwortung. Neben dieser Ungleichheit verhindern auch nationalistische Perspektiven auf globale Probleme eine wirklich nachhaltige Schweiz.

Die globale Klimakrise macht nicht an der Grenze Halt. Jedes Gramm CO_2, das in die Atmosphäre gelangt – sei es in der Schweiz oder in Kathmandu – hat die gleichen Auswirkungen und belastet die Umwelt weltweit, sodass es nur globale Antworten darauf geben kann. Die Schweiz ist eines der reichsten Länder der Welt, hat einen bedeutenden Finanzplatz und beherbergt zahlreiche Konzerne, die Handel mit Öl, Kohle oder anderen Rohstoffen treiben. Sie trägt daher heute indirekt sehr stark zur globalen Erderwärmung bei. Wir müssen einen entsprechenden Beitrag zur Lösung leisten.

Die Schweiz trägt ebenfalls Verantwortung für die Aneignung von Ressourcen, die Unterstützung korrupter Regime und die soziale und ökologische Zerstörung der Länder des globalen Südens. Diese Herausforderungen zeigen, dass nationalistische Denkweisen Teil des Problems und nicht Teil der Lösung sind, wenn es um den Klimawandel geht. Und gerade die Uneinheitlichkeit der Regeln in der weltweiten Steuer-, Umwelt- und Sozialpolitik macht es möglich, dass die Schweiz so grosse Schäden anrichtet.

Bei der Bekämpfung der SVP-Initative müssen wir immer wieder betonen, dass der Egoismus einer kleinen Minderheit die Lebensbedingungen der Menschen auf dem gesamten Planeten bedroht – auch bei uns der Schweiz – und dass Nachhaltigkeit Multilateralismus und universelle Entscheidungen voraussetzt.

Ein weiteres Ziel der «Nachhaltigkeitsinitiative» der SVP ist es, die Beziehungen zur Europäischen Union abzubrechen. Nun hinkt die Schweiz in der Regel der europäischen Klima- und Umweltpolitik hinterher: Sie hat deren CO_2-Grenzausgleichsmechanismus nicht übernommen und sagt Nein zum europäischen Klimafonds, der vom europäischen Green New Deal inspiriert wurde. Der Bundesrat betreibt lieber Klimadumping, indem er im Ausland CO_2-Ausgleichszertifikate kauft, anstatt massiv in die Energiewende zu investieren. Auch bei der Entwicklung erneuerbarer Energien wie Solar- und Windenergie harzt es in der Schweiz mehr als in Europa. Es ist daher zu befürchten, dass mit einem Abdriften der Schweiz von der Europäischen Union eine Verlangsamung unserer Klimapolitik einhergehen könnte.

Die Ökologie hat eine konservative Seite: Die Natur, die Umwelt und das Klima müssen vor den schädlichen Eingriffen menschlicher Aktivitäten geschützt werden. Aber Ökologie ist auch humanistisch. Es geht darum, jedem

Menschen ein harmonisches Leben in seiner eigenen Umwelt zu ermöglichen. Der Schutz der Natur und des Klimas erfolgt im Interesse der Menschheit, um deren Ernährung und Gesundheit zu ermöglichen und so die Lebensgrundlagen aller Menschen rund um den Globus zu sichern. Dafür muss Solidarität im Mittelpunkt stehen:

Solidarität mit dem globalen Süden, der unter den Auswirkungen der Klimakrise besonders stark leidet.
Solidarität mit benachteiligten Menschen, die stärker unter den Auswirkungen von Hitzewellen oder Umweltzerstörung leiden.
Solidarität mit zukünftigen Generationen, denen wir einen lebenswerten Planeten hinterlassen möchten.

Zur Antwort gehören daher auch soziale und globale Gerechtigkeit.

Angesichts einer weiteren fremdenfeindlichen Initiative der SVP müssen die ökologischen Bewegungen daher vereint für eine offene und solidarische Schweiz eintreten. Sie müssen soziale und globale Gerechtigkeit auch in Umweltfragen einfordern. Sie müssen auf eine nachhaltige Schweiz pochen, die ihre globale Klima- und Umweltverantwortung ernst nimmt.

Stefan
Manser-Egli

Die zehnte Überfremdungsinitiative – und ein radikaler Gegenentwurf

Die aktuelle SVP-Initiative gegen die Zuwanderung heisst jetzt «Nachhaltigkeits-Initiative». Die Namen ändern sich, der Kern bleibt gleich. Treffender wäre der Begriff «Zehnte Überfremdungsinitiative», je nach Zählweise. Der folgende Beitrag erinnert daran, in welcher Tradition die SVP-Initiative steht, warum diese im Kern immer ausländer- und damit menschenfeindlich ist und wie ein radikaler politischen Gegenentwurf aussieht.

Die Überfremdungsinitiative

Der Wikipedia-Eintrag zu James Schwarzenbach ist bemerkenswert. Er beginnt mit dem Satz: «James Eduard Schwarzenbach war ein zuerst rechtsextremer, später rechtspopulistischer Schweizer Politiker.» Schwarzenbach war Mitglied der Nationalen Front, er verherrlichte die nationalsozialistische Ideologie und agitierte gegen Migrant:innen sowie gegen Jüdinnen und Juden. Er verehrte den spanischen Diktator Franco und sagte im Fernsehen, in der Schweiz sei er Demokrat, in Spanien wäre er Faschist.

Dieser Mann lancierte 1968 die nach ihm benannte «Schwarzenbach-Initiative», amtlich «Volksbegehren gegen die Überfremdung», die den «Ausländeranteil» in der Schweiz auf 10 Prozent begrenzen wollte (mit einer Ausnahme für Genf). Da schon 1970 rund 17 Prozent der Bevölkerung nicht über das Schweizer Bürgerrecht verfügten, hätten damit Hunderttausende die Schweiz verlassen müssen. Diesem Volksbegehren stimmten mit einer rekordhohen Stimmbeteiligung von 75 Prozent am 7. Juni 1970 unfassbare 46 Prozent der stimmenden Schweizer Männer und sieben Stände (darunter Bern und Luzern) zu. Schwarzenbach machte den Auftakt in der Geschichte der Schweizer Überfremdungsinitiativen.

Eine Konstante der Schweizer Demokratie

1974 folgte die eidgenössische Volksinitiative «gegen die Überfremdung und Überbevölkerung der Schweiz». Was wie Ecopop klingt, ist auch drin: Die zentralen Argumente neben «Assimilation ist nur bedingt möglich» waren, dass die Überfremdung zu Überbevölkerung führe und den Umweltschutz gefährde.[1] Diesmal sollten die Einbürgerungen pro Jahr auf 4.000 Menschen, die Zahl der «Ausländer» in der Schweiz auf 500.000 und deren Anteil an der Bevölkerung auf 12 Prozent beschränkt werden. Die Stimmbeteiligung betrug noch immer 70 Prozent (diesmal mit den Frauen), während die Initiative von rund zwei Dritteln der Stimmenden verworfen wurde.

Keine drei Jahre später wollte die nächste Überfremdungsinitiative den «Ausländeranteil» erneut auf 12,5 Prozent der Schweizer Bevölkerung begrenzen. Auch hier lautete ein verkapptes Nachhaltigkeitsargument, die Überfremdung verändere «Landschafts- und

1 Vgl. P. Haas/Bundesamt für Flüchtlinge: Die vier Überfremdungsinitiativen von 1970, 1974, 1977 und 1988 – Argumente und Gegenargumente, Givisiez 2000.

Volkscharakter». Die nächste Initiative der Nationalen Aktion für Volk und Heimat, über die 1988 abgestimmt wurde, kam einer eigentlichen Rechenaufgabe für Fortgeschrittene gleich – auch diesbezüglich ist die «Nachhaltigkeits-Initiative» kein Novum: «Solange die Wohnbevölkerung der Schweiz 6,2 Millionen überschreitet, darf die Anzahl der Einwanderer höchstens zwei Drittel der ausländischen Auswanderer des Vorjahres betragen.» Diese Begrenzung sollte auch für anerkannte Flüchtlinge gelten, auch da steht die aktuelle «Grenzschutz-Initiative» der SVP in langer Tradition. Die beiden Initiativen erreichten noch rund 30 Prozent Zustimmung.

Es folgte 1996 eine Volksinitiative «gegen illegale Einwanderung», die auf das Asylrecht abzielte und 46 Prozent Zustimmung erreichte. Im Jahr 2000 kam dann die Volksinitiative «für eine Regelung der Zuwanderung», etwas unverblümter auch als «18-Prozent-Initiative» bezeichnet, weil sie den «Ausländeranteil» einmal mehr begrenzen wollte. Nun auf 18 Prozent, wobei dieser Anteil in der Schweiz damals schon über 20 Prozent betrug. Diese Überfremdungsinitiative erreichte 36 Prozent Zustimmung. Schliesslich kam 2014 die «Masseneinwanderungs-Initiative» zur Abstimmung, im selben Jahr Ecopop («Stopp der Überbevölkerung») und 2020 die Initiative «Für eine massvolle Zuwanderung (Begrenzungsinitiative)». Nun folgen mit der «Nachhaltigkeits-» und der «Grenzschutz-Initiative» der SVP also die Überfremdungsinitiativen Nummer zehn und elf. Seit 1970 sind sie eine Konstante der Schweizer Demokratie.

Die Gewalt der Zahlen

Die Geschichte der Überfremdungsinitiativen verdeutlicht nicht nur, wessen Geistes Kind sie bis heute sind, sondern auch, welch zentrale Rolle die Zahlen einnehmen. Sowohl der relative «Ausländeranteil» als auch die absolute Einwohnerzahl der Schweiz werden seit jeher als Referenz für die Überfremdungsabwehr herangezogen. Es zeigt sich auch, wie *willkürlich* diese Zahlen seit jeher sind: Mal geht es um 12, 12,5, oder 18 Prozent, mal um 500.000, mal um 6.2 Millionen oder eben um 9, 9,5 oder 10 Millionen Menschen in der Schweiz. Gleichzeitig wohnt diesen blossen Zahlen eine ungeheure Gewalt inne, da sie die Menschen dahinter und deren Schicksale komplett verschleiern.

Überfremdung. Oder moderner: *Dichtestress*. Wer nun glaubt, dass wir die aktuellen Überfremdungsinitiativen zum Anlass nehmen sollten, über tatsächliche Probleme und Sorgen der Menschen zu sprechen, geht den Schwarzenbachs von damals und heute auf den Leim. Es geht ihnen nie um Wohnraum, Infrastruktur oder Sozialpolitik, geschweige denn um die Umwelt. Ihnen geht es immer nur darum, für jedes *beliebige* Thema den «Ausländer», die «Zuwanderung» und das «Fremde» zum Sündenbock zu machen und daraus politisches Kapital zu schlagen. So schreibt die SVP in ihrem aktuellen Argumentarium zur «10-Mio-Initiative» wortwörtlich: «Fast alle Probleme, unter denen die Schweiz zu leiden hat, hängen zusammen mit dem masslosen Bevölkerungswachstum der letzten Jahre und Jahrzehnte.»

Die Überfremdungsinitiativen mit ihrer rohen Gewalt der Zahlen und der blanken Ablehnung des Anderen sind nie politisch legitime, diskutierbare Anliegen. Sie sind in ihrer Abwehr des Fremden immer rassistisch (und oftmals klassistisch), nationalistisch, ausländer- und damit letztlich menschenfeindlich.

Ein radikaler Gegenentwurf

So gut wie nie wurde den Überfremdungsinitiativen ein politischer und gesellschaftlicher Gegenentwurf gegenübergestellt. Die einzige Ausnahme bildete die «Mitenand-Initiative für eine neue Ausländerpolitik», über die 1981 abgestimmt wurde. Auch in dieser Tradition sieht sich die bald zur Abstimmung kommende Volksinitiative «Für ein modernes Bürgerrecht (Demokratie-Initiative)». Sie ist ein radikaler Gegenvorschlag zu den SVP-Überfremdungsinitiativen. Radikal nicht, weil ihr Anliegen an sich radikal wäre, sondern weil sie sich dem allgegenwärtigen Geist der Überfremdungsinitiativen entschieden entgegenstellt. Die Radikalität der Demokratiebewegung speist sich aus dem Gründungsmanifest der «Aktion Vierviertel». Das Manifest fordert ein Grundrecht auf Einbürgerung und einen neuen, mutigen Gesellschaftsentwurf: Wer in der Schweiz lebt, hat ein Recht auf vollwertige politische und gesellschaftliche Teilhabe. Es ist ein grundlegendes Recht aller Menschen, im Land, in dem sie dauerhaft leben, das Bürgerrecht zu haben.

Während das Manifest radikal ein Grundrecht auf Einbürgerung fordert, ist die «Demokratie-Initiative» geradezu pragmatisch. Im Gegensatz zu den Überfremdungsinitiativen macht sie Menschen nicht zu blossen Zahlen. Sie enthält keine Rechenspiele und keine Höchstzahlen, sie verfügt nicht über Menschen. Sie verlangt lediglich einheitliche und objektive Einbürgerungskriterien, um allen Menschen in der Schweiz den Zugang zur Demokratie zu ermöglichen: Fünf Jahre Aufenthalt in der Schweiz, keine grobe Straffälligkeit, Grundkenntnisse einer Landessprache. Wer diese Kriterien erfüllt, soll einen *Anspruch* auf Einbürgerung haben. Heute gleicht die Einbürgerung oftmals einem mittelalterlichen Gnadenakt durch die Obrigkeit. Ein solcher Rechtsanspruch bei Erfüllung der Kriterien sollte eigentlich eine rechtsstaatliche Selbstverständlichkeit sein. In Deutschland zum Beispiel gilt dieser Einbürgerungsanspruch seit jeher. Klingt vernünftig, oder?

Die unwahrscheinliche Annahme der «Demokratie-Initiative» durch Volk und Stände würde die Schweiz in Sachen Einbürgerungsrecht von ganz hinten ins europäische Mittelfeld spedieren. Sie würde die Schweiz in dieser Hinsicht ganz normal machen. Ganz sicher nicht normal ist es hingegen, alle paar Jahre über eine Überfremdungsinitiative abzustimmen. Und es ist auch nicht normal, dass das Staatssekretariat für Migration als Referenzkontakte für die Einbürgerung *vorzugsweise* «Schweizer Bürger durch Abstammung» verlangt.[2] Oder der deutsche Bundeskanzler «Stadtbild» sagt und Überfremdung meint.

Es war ein bitterkalter Tag Ende November 2024, als die «Demokratie-Initiative» eingereicht wurde. Aber es brannte ein Feuer auf der Bundesterrasse. Viele der Menschen, die in den Jahren und Monaten davor über 130.000 Unterschriften gesammelt hatten, waren gekommen, um diesen Moment zu feiern. Die Übergabe der Unterschriften war ein Volksfest. Die Lehrerinnen Xhemile und Sovrane aus dem Lokalkomitee Schwyz betonten in ihrer Rede, was die «Demokratie-Initiative» für sie bedeutet, und warum diese Einreichung ein emotionaler Akt war: «Wir stehen hier, weil wir an eine bessere Zukunft glauben – eine Zukunft, in der jeder, der hier lebt, gehört wird und mitgestalten kann. Eine Zukunft, in der Heimat bedeutet, dass man auch mitentscheiden darf.» [3] Das Feuer, das an diesem Novembertag vor der Bundeskanzlei brannte, gilt es nun in der ganzen Schweiz zu entfachen. Gegen die unsäglichen und extremen SVP-Initiativen, aber umso stärker noch, umso *radikaler*, für die «Demokratie-Initiative».

2 Sabrina Bundi: Bund fordert bei Einbürgerung Referenzen von «Schweizern durch Abstammung», Tagesanzeiger vom 4. Oktober 2025.

3 Die ganze Rede findet sich hier: https://demokratie-volksinitiative.ch/all-news/rede-von-xhemile-istrefi-ademi-und-sovrane-ademi-zur-einreichung-der-demokratie-initiative/.

Der grosse migrantische Generalstreik

In den 1950er-Jahren kamen migrantische Arbeitskräfte in grosser Zahl in die Schweiz. Es waren vor allem Frauen aus Norditalien, die in der Textilindustrie Arbeit fanden und zu einem grossen Wirtschaftsboom beitrugen. Die Grundlage dazu war der erste bilaterale Vertrag zwischen Italien und der Schweiz, um die Zuwanderung der italienischen Arbeitskräfte zu regeln und auf die Bedürfnisse der Schweizer Wirtschaft zu reagieren. Die Verträge formalisierten juristisch den Aufenthalt und die Niederlassung und basierten auf dem sogenannten ANAG-Gesetz von 1931 (ANAG – Bundesgesetz über Aufenthalt und Niederlassung der Ausländer). Darin waren menschenunwürdige Restriktionen angelegt, wie die jederzeitige Widerrufung des Aufenthaltes und der Verweigerung des Familiennachzugs. Ende der 1950er-Jahre lebten schon über 500.000 Menschen aus Italien in der Schweiz, die damals fünf Millionen Einwohner:innen zählte.

Insbesondere das Saisonnierstatut war ein Stein des Anstosses. Denn die Mehrzahl der Arbeitenden durfte sich nur neun Monate in der Schweiz aufhalten und erst nach fünf Jahren erhielten sie eine Niederlassungsbewilligung. Doch die Unsicherheit des Arbeitsplatzes führte dazu, dass viele Menschen diese gar nicht erhielten.

Während die Textilindustrie immer mehr in eine Krise geriet, weil sie zwar von den unqualifizierten weiblichen Arbeitskräften profitierte, aber keine technologischen Neuerungen vornahm, hatte die boomende Maschinenindustrie einen immer grösseren Bedarf an besser qualifizierten Arbeitskräften. Das heisst, die Unternehmer waren interessiert, die ausländischen Arbeitskräfte besser auszubilden, und das konnten sie nur mit Menschen, die über längere Zeit eine Aufenthaltsgenehmigung erhielten. Es war klar geworden, dass die Schweiz die Arbeitsmigration nicht mehr rückgängig machen konnte.

Vor diesem Hintergrund hätte sich eine progressive, eine emanzipatorische Migrationsgeschichte entwickeln können. Eine Geschichte wie die folgende:[1]

1958: Verhandlungen mit Italien

Auf Druck der Gewerkschaften und der linken Parteien wollte die italienische Regierung die Bedingungen für die italienischen Arbeitskräfte in der Schweiz verbessern und begann 1958 Verhandlungen mit dem Bundesrat. Dieser wollte eigentlich nicht auf eine Verbesserung der juristischen Bedingungen eingehen und spielte auf Zeit. Nach drei Jahren Verhandlungen, war noch kein Resultat in Sicht.

Die schweizerischen Gewerkschaften und die linken Parteien wurden deshalb nach Rom eingeladen, um zu diskutieren, wie die Anliegen der italienischen Gewerkschaften unterstützen könnten. Der Schweizerische Gewerkschaftsbund (SGB) verstand, dass er mithilfe der

1 In den Fussnoten wird jeweils auf die tatsächlichen historischen Geschehnisse eingegangen.

ausländischen Arbeitskräfte seinen Einfluss vergrössern konnte, und es wurde eine bilaterale Kommission zwischen dem SGB und den italienischen Gewerkschaften eingerichtet. Das UCV (Ufficio per la collaborazione congiunta) war von da an die Schnittstelle zwischen der Arbeiter:innenbewegung Italiens und der Schweiz. In allen Gewerkschaftssektionen der Schweiz wurden daraufhin Unterkommissionen des UCV gegründet.[2]

Als Erstes wurde die Selbsthilfeorganisation der italienischen Arbeitskräfte, die Weiterbildungsschule ECAP, in den SGB integriert. Mithilfe der finanziellen Unterstützung der italienischen Gewerkschaften wurden überall Deutschkurse angeboten.

Und auch die unwürdige Wohnsituation wurde tatkräftig angegangen, denn die Mehrheit der italienischen Arbeitskräfte lebte in Baracken oder in Kellerlöchern. Dazu initiierte der SGB den gross angelegten Bau von Genossenschaftswohnungen für Schweizer und ausländische Arbeiter:innen. Und in den Volkshäusern der ganzen Schweiz wurden italienische Kulturabende und Veranstaltungen organisiert, um die schweizerischen Arbeiter:innen näher an die Lebensart ihrer südländischen Kolleg:innen zu bringen. Für die jungen Schweizer Arbeiter:innen wurde der italienische Lebensstil immer attraktiver. Mit einer massiven Verbreiterung seiner Basis wurde der SGB zu einem innenpolitischen Faktor, den der bürgerliche Bundesrat nicht mehr ignorieren konnte. Das wirkte sich auch auf die Verhandlungen zwischen der Schweiz und Italien aus.[3]

2 Tatsächlich wehrten sich die Gewerkschaften gegen das Abkommen mit Italien zur Verbesserung der rechtlichen Situation der migrantischen Arbeiter:innen. Die Gewerkschaften und die SP sahen in den werktätigen Menschen aus Italien bestenfalls eine Konkurrenz. Zusammen mit konservativen Kräften vereitelten sie eine schnelle Implementierung des Abkommens und die «Verhandlungen» zogen sich über sieben lange Jahre hin, bis sie vom Parlament ratifiziert wurden.

3 Die Selbsthilfeorganisation ECAP wurde erst Anfang der 1970er-Jahre gegründet, und zwar mithilfe der italienischen Gewerkschaften, welche sie bis heute auch finanziell unterstützen. Erst nach der «Schwarzenbach-Abstimmung», und der

1964: Unterzeichnung des Abkommens und ein neues Migrationsgesetz

Inzwischen war über eine Million Arbeiter:innen aus dem südlichen Nachbarland in der Schweiz wohnhaft, doch sie lebten noch immer unter den diskriminierenden Gesetzen aus dem Jahre 1931. Der Bundesrat versuchte, zwischen 1958 und 1965 mithilfe von kosmetischen Massnahmen zu zeigen, dass er für die Forderungen der Gewerkschaften Verständnis habe. So wurde die «Fremdenpolizei» in «Amt für Migration» umbenannt und der Bundesrat wandte sich nun bei den Neujahrsansprachen nicht mehr nur auf Deutsch, sondern auch auf Italienisch ans Volk.

Der SGB forderte den Bundesrat auf, den Abschluss der Verhandlungen nicht weiter hinauszuzögern. Dabei ging er sehr geschickt vor. Die Unternehmer warnte er, dass der SGB bereit sei, einen Generalstreik zu organisieren, um die Abschaffung des Saisonnierstatuts durchzusetzen. Um dies zu untermauern, wurden grosse Manifestationen in Bern organsiert, an denen jeweils 50.000 Menschen teilnahmen. Innert kurzer Zeit setzte sich auch in den bürgerlichen Parteien die Einsicht durch, dass es besser sei, die Hochkonjunktur aufrechtzuerhalten und Zugeständnisse zu machen.

Und so wurde das neue Abkommen mit Italien, gleichzeitig mit der Änderung der Gesetze von 1931, unterzeichnet. Dabei wurde das Saisonnierstatut abgeschafft und das Recht auf unbeschränkte Niederlassung nach fünf Jahren eingeführt. Das neue Abkommen und die Gesetze wurden in ausgelassenen Volksfesten im ganzen Land gefeiert.

entschlossen antirassistischen Politik des SGB-Chefs Ezio Canonica begannen die Schweizer Gewerkschaften, sie zu unterstützen. Aber auch da wurden bestenfalls im regionalen Rahmen gemeinsame Veranstaltungen zwischen den italienischen Arbeiter:innen und Schweizer:innen organsiert. Meist wurden diese von 68er Aktivist:innen ausserhalb der Gewerkschaftspolitik veranstaltet.

Ab 1965: Rassistische Volksinitiativen

Die reaktionären Kräfte versuchten zuerst ab 1965 mithilfe von kantonalen Initiativen, die Errungenschaften des neuen Migrationsgesetzes zu torpedieren. Doch der SGB baute eine spezialisierte Rechtsabteilung auf und brachte diese regionalen Initiativen immer wieder zu Fall, indem er die Gesetze als Angriff auf die Menschenrechte bezeichnete und diese beim Bundesgericht einforderte.

Mithilfe eines ehemaligen Mitglieds der faschistischen Nationalen Front, des reichen Industriellensohns James Schwarzenbach, gelang es seiner Partei, der Nationalen Aktion, die reaktionären Kräfte zu bündeln und eine nationale Initiative gegen die sogenannte Überfremdung einzureichen.

Die linken Parteien und der SGB versuchten mithilfe von Demonstrationen und Volksfesten in den grossen Städten, der rassistischen Initiative eine Gegenmacht entgegenzusetzen. Doch den fortschrittlichen Kräften war bewusst geworden, dass die fremdenfeindliche Bewegung vor allem im ländlichen Bereich auf grosse Resonanz stiess. Zusammen mit Mitgliedern der «68er Bewegung» wurden daraufhin in allen ländlichen Kantonen Sternfahrten organisiert, um mithilfe von Festen, Diskussionsveranstaltungen und Publikationen, die Menschen von den Errungenschaften eines gemeinsamen Zusammenlebens mit den migrantischen Arbeitskräften zu überzeugen. Das gelang nicht immer, aber oft wurden die Fremdenfeinde zurückgedrängt, indem auf die christlichen Werte der sozialen Kooperation hingewiesen wurde. Die Idee des positiven Zusammenlebens von Menschen verschiedener Kulturen stiess so in den kirchlichen Kreisen auf dem Land auf grosse Resonanz.[4]

4 Leider hat sich die Schweizerische Arbeiterbewegung Ende der 1960er-Jahre nie entschlossen gegen die Rassisten der Nationalen Aktion gestellt. Im Gegenteil:

Mit der «Mitenand-Initiative» zum Erfolg

In einem nächsten Schritt lancierte der SGB die «Mitenand-Initiative». Auf Grundlage der universellen Menschenrechte und mit Hinweis auf die vollständige Integration der ausländischen Arbeitskräfte, deren Mehrheit inzwischen schon seit zehn Jahren in der Schweiz lebte, wurde die nationale Vereinheitlichung des Rechts auf Einbürgerung gefordert. Die Unterschriftensammlung für die Initiative war ein grosser Erfolg und wurde gleichzeitig mit der «Schwarzenbach-Initiative» eingereicht. Der Bundesrat beschloss, dass die beiden Initiativen miteinander abgestimmt werden sollten.

Die Umfragen für die Abstimmung der beiden Initiativen zeigten eine knappe Mehrheit gegen die «Schwarzenbach-Initiative» und eine knappe Mehrheit für die «Mitenand-Initiative» für die erleichterte Einbürgerung nach fünf Jahren Aufenthalt in der Schweiz.[5]

Um die Kampagne für die «Mitenand-Initiative» auf der kulturellen Ebene zum Erfolg zu führen, entschloss sich der SGB, einen Wettbewerb auszuschreiben für einen Film zum Thema. Der jüdische Filmemacher Rolf Lissy gewann den Wettbewerb mit seinem Projekt «Die Schweizermacher». Innert kürzester Zeit gelang es ihm, den Film zu realisieren und vor der Abstimmung in die Kinos zu bringen. Die Komödie über ein absurdes Einbürgerungsverfahren, kombiniert mit einer Liebesgeschichte zwischen

Etliche Gewerkschaftssektionen, insbesondere im SMUV – der Metallarbeiter Gewerkschaft, der damals stärksten Gewerkschaft – gaben sogar die Ja-Parole zur «Schwarzenbach-Initiative» heraus. Die Kämpfe gegen diese rassistische Initiative wurden hauptsächlich von linken Aktivist:innen inner- und ausserhalb der Gewerkschaften getragen.

5 Die «Mitenand-Initiative» – sie wollte das Saisonnierstatut abschaffen – wurde nicht Ende der 1960er-Jahre als Antwort gegen die «Schwarzenbach-Initiative» eingereicht, sondern erst viele Jahre später. Zur Abstimmung kam sie 1981 und die Linken erlitten mit 85 Prozent Nein-Stimmen eine ihrer grössten Niederlagen an der Wahlurne.

einer Ausländerin und einem Polizisten, wurde von über einer Million Menschen gesehen.[6]

Die öffentliche Meinung war inzwischen klar auf der Seite der «Mitenand-Initiative». Doch die reaktionären Kräfte hielten dagegen und beklagten den Verlust der einheimischen Kultur, wenn die ausländischen Arbeitskräfte nach fünf Jahren das Recht haben würden, sich einzubürgern.

Die radikalen Kräfte im SGB entschlossen sich, nun den migrantischen Generalstreik zu propagieren. Die Idee war, dass an einem Freitagnachmittag, einige Wochen vor der Abstimmung, alle migrantischen Arbeitskräfte die Arbeit niederlegen sollten. Das würde dem Land zeigen, dass ohne diese Menschen die Schweiz nicht mehr normal funktionieren würde. Dies würde auch denjenigen, die der «Mitenand-Initiative» skeptisch gegenüberstanden, zeigen, dass die Schweiz nur in Zusammenarbeit mit den migrantischen Menschen überleben kann.

Der migrantische Generalstreik wurde zu einem grossen Erfolg, unter anderem auch, weil viele einfache Mitglieder der Gewerkschaften und linken Parteien mitmachten.[7] In der Volksabstimmung wurde die rassistische Initiative gebodigt und die «Mitenand-Initiative» knapp gewonnen.

Als nächstes wurde im Jahr darauf die Initiative für das Frauenstimmrecht durchgesetzt und in den Jahren darauf wurde die Schweiz zum fortschrittlichsten Land Europas.

6 Der Film die «Schweizermacher» ist mit über einer Million Zuschauer:innen der erfolgreichste Film der Schweiz. Er kam aber erst 1978, lange nach der «Schwarzenbach-Abstimmung», in die Kinos.

7 Den Generalstreik gegen die «Schwarzenbach-Abstimmung» hat es nie gegeben. Doch unter den migrantischen Arbeiter:innen der Schweiz ging die Parole um, sollte die Initiative angenommen werden, werde es zum Generalstreik kommen.

Leider ist die Geschichte anders herausgekommen

Nun, diese alternative Geschichte hat leider nie stattgefunden. Aber viele der Ereignisse hätten so stattfinden können, wenn die Gewerkschaften und die linken Parteien eine konkrete Alternative und ein positives Bild einer progressiven Gesellschaft entwickelt hätten, anstatt nur auf die reaktionären Kampagnen defensiv zu reagieren. Und heute stehen wir vor einer ähnlichen Fragestellung. Immer noch haben wir eine Gesellschaft, in welcher ein Viertel der hier lebenden Menschen nicht dieselben Rechte haben wie die andern. Diese bürgerliche Demokratie ist immer noch nicht vollständig. Und es gibt eine Kraft, die das ändern möchte.

Die nächsten Jahre. Was tun?

Im November 2024 wurde die «Demokratie-Initiative», besser bekannt als «Aktion Vierviertel», in der Bundeskanzlei eingereicht. Sie verlangt eine simple Änderung mithilfe eines neuen nationalen Gesetzesartikels zur Einbürgerung: Ein Mensch der seit fünf Jahren rechtmässig in der Schweiz lebt, hat Anspruch auf das Bürgerrecht.

Seit der «Mitenand-Initiative» vor über 40 Jahren gab es keine Aktionen mehr im nationalen Rahmen zur Verbesserung der Situation der migrantischen Bevölkerung in der Schweiz.

Die «Vierviertel-Initiative» wird zwar von den Gewerkschaften, der SP, den Grünen und einigen GLP-Sektionen unterstützt, aber bislang hauptsächlich durch die Basisbewegung der migrantischen Aktivist:innen getragen. Hunderte dieser Menschen haben über 130.000 Unterschriften gesammelt. Der Support der linken Parteien liess leider zu wünschen übrig.

Ihre Zögerlichkeit gegenüber der Initiative macht deutlich, dass weite Teile der Linken immer noch nicht die Zeichen der Zeit erkannt haben. Die Migrationsthematik wird nach wie vor defensiv behandelt, das Feld wird den rassistischen Parteien überlassen.

Es gibt eine immer grösser werdende Frustration der linken migrantischen Aktivist:innen gegenüber der klassischen Linken. Sie haben das Gefühl, dass ausser Lippenbekenntnissen keine aktive Politik zu erwarten sei.

Im nächsten Jahr wird es zur grossen Abstimmung kommen. Die beste Antwort auf die sogenannte Nachhaltigkeitsinitiative der SVP ist die massive Unterstützung der «Demokratie-Initiative» durch die institutionellen linken Parteien. Auch wenn wir diese erste Abstimmung eventuell verlieren werden, wir – die Linke – würde wieder die Deutungshoheit zurückgewinnen, die da heisst: Alle Menschen sind gleich und haben die gleichen Rechte. Das ist die Grundlage einer linken Politik.

Die linken Parteien und die Gewerkschaften sollten dieses Momentum der Geschichte mutig angehen und einen positiven Ansatz einer neuen migrantischen Gesellschaft propagieren. Damit könnten sie einen Grossteil der 2,2 Millionen migrantischen Menschen, welche einen Grossteil der arbeitenden Schweizer Bevölkerung ausmachen, für sich gewinnen.

Wenn der Kompass nicht mehr Richtung Norden zeigt

Früher zeigte die Nadel des Kompasses noch nach Norden – so erzählte es mir Nëna. Mensch zog den Kompass hervor, und gleich darauf stürzte die Nadelspitze sich auf das ornamentale *N*. Unbeirrbar. Jedes einzelne Mal.

Sie liess unter keinen Umständen von diesem Punkt ab. Bewegte man sich nach links, steuerte sie nach rechts entgegen. Bewegte man sich nach rechts, steuert sie nach links entgegen.

Der Norden stets die Konstante.
das Zentrum.
der Orientierungspunkt.
die Macht.

Aber was, wenn diese Ordnung trügt? Sie festgefahren ist?

Das *N* nicht für eine (Geh-)Richtung steht, sondern für das Normativ?

Nur, wenn mensch mit aller Kraft den Kompass gewaltsam schüttelte, so liess sich, zumindest temporär, eine Änderung der Nadel feststellen.

— ein Zwischenraum, ein Potenzial
heraufbeschwören.

Es waren Kinder, die die Hegemonie so unterlaufen.
Unkonventionell. Neugierig.
Sie drehen, kippen, werfen, um zu
– entdecken, überschreiten, stören, imaginieren,
re-arrangieren, dekonstruieren.

Doch wie es ihrer Bestimmung entspricht, würde die Nadelspitze den Weg gen Norden finden. Wie immer. Auch in der Nacht. Nëna pflegte zu sagen, dass nichts so beständig war, wie diese Anziehung zwischen magnetischem Pol und der Kompassnadel – und vielleicht ist genau das das Problem.

In folgendem Text möchte ich dieser Spannung nachgehen: dem andauernden Schütteln, der Kraft der Irritationen, der Frage, ob wir diese Ordnung nur herausfordern – oder ob wir sie radikal umpolen können.

Nordosten – Die Schweiz ist längst
eine Migrationsgesellschaft;
handeln wir auch so

Nur ein paar Grad vom Zentrum abweichend: die Realität. Wir haben die *künstliche* Grenze von zehn Millionen Einwohner:innen schon vor dem Jahr 2050 überschritten. *s'isch imfall nüt grosses gsi.* Und wir leben weiter. Nicht am Rande. Nicht im Ausnahmezustand.

Wir funktionieren kollektiv. Mehr noch: Wir leben – miteinander, nebeneinander, ineinander verwoben. So, wie es die Schweiz als Migrations- und Zuwanderungsland seit Jahrzehnten macht. *No news here.*

Die Schweiz war nie statisch. Doch zu lange wurde sie als solche erzählt – als homogener Körper, weiss, christlich, gutbürgerlich. Ein Mythos, der sich heute noch hartnäckig hält. Eine Erinnerung, die nie für uns galt.

Unsere Realität ist jedoch voller Sprachen, Biografien, Religionen, Zwischenräume und Verflechtungen. Fast 40 Prozent der Menschen hier haben Migrationsbiografie. Und dennoch werden **die** *Migrant:innen* im hiesigen politischen Diskurs lediglich als monolithische Gäst:innen verhandelt.

Die sogenannte Nachhaltigkeitsinitiative schreibt diese Vorstellung fort – als liesse sich gesellschaftliche Realität begrenzen. Dabei sind wir längst da. Wir gehen nicht weg. Weder «zurück» dorthin, von wo wir angeblich kommen. Noch irgendwo sonst hin. Denn wir leben, leiden, gründen, lieben, wohnen, pflegen, bauen und dichten *hier.* Trotzdem hinken die Rechte migrantisierter Menschen hinterher: Aufenthaltsstatus, Bürger:innenrechte, politische Mitbestimmung – alles brüchig, alles umkämpft.

Es braucht eine neue demokratische Ordnung. Eine, die nicht Integration fordert, sondern Gleichberechtigung ermöglicht. Die nicht fragt: «*Wie viel verträgt die Schweiz?*», sondern: «*Wie gestalten wir gemeinsam?*» Was es braucht, ist ein Bleiberecht, das nicht geduldet, sondern anerkannt wird. Ein Bürger:innenrecht, das nicht ausschliesst, sondern einschliesst. Eine Demokratie, die nicht delegiert, sondern einlädt. Denn wer hier lebt, ist nicht zu integrieren – sondern längst Teil des Wir.

Osten – Die sogenannte Nachhaltigkeitsinitiative ist ein billige Verkleidung

Im Osten beginnt angeblich der neue Tag. Doch was, wenn dieser Beginn auf einer fehlerhaften Prämisse aufbaut? Wenn er vorgibt, Zukunft zu denken – und dabei nur vergangene Ausschlusslogiken reproduziert?

Ironischerweise gibt sich die SVP mit der Initiative modern, grün, zukunftsgewandt. Ganz im zeitgenössischen Trend: Sie spricht von Raum, Ressourcen, Belastbarkeit und lässt dabei keine Möglichkeit aus, diese Begriffe mit Rassismus, Diskriminierung und Xenophobie zu verbinden.

Im Namen des Klimas. Im Namen der *idyllischen Schweiz.*

Was hier als Umweltschutz verkauft wird, ist in Wahrheit eine Rhetorik der Ausgrenzung.

Denn Migration ist kein ökologisches Problem. Kein Mensch, der ankommt, lässt einen Gletscher schmelzen. Kein Aufenthaltstitel entzieht einem See das Wasser. Die Klimakrise ist menschengemacht, aber nicht durch Migration – sondern durch Systeme, die Ressourcen ausbeuten, Verantwortung abwälzen und globale Ungleichheit zementieren.

Was diese Initiative tut, ist eine semantische Umpolung: Sie ersetzt das Wort «Kontrolle» durch «Verantwortung», das Wort «Begrenzung» durch «Nachhaltigkeit». Sie schreibt ein grünes Etikett auf eine Politik, die Menschen aussortieren will. Und sie tut das mit Zahlen – zehn Millionen, als wäre das die Grenze zwischen Ordnung und Chaos, zwischen dem, was noch als «uns» zählt, und dem, was draussen bleiben soll.

Wir brauchen eine Politik, die nicht Migration problematisiert – sondern anerkennt: Wir argumentieren nicht nur gegen diese Initiative. Wir entlarven ihr Prinzip. Denn wer das ökologische Argument benutzt, um Menschen fernzuhalten, schützt nicht die Natur – sondern ein menschenfeindliches und unschweizerisches Weltbild.

Südosten – Demokratie neu denken;
wer entscheidet, wer dazugehört?

Im Südosten beginnt kein Tag, sondern eine Unschärfe. Kein grelles Licht, kein klarer Horizont – sondern ein Raum der Uneindeutigkeiten. Vielleicht ist genau dort der richtige Ort, um über Demokratie nachzudenken.

Was bedeutet es, wenn jede vierte Person in der Schweiz nicht mitbestimmen kann und weniger Schutz und Rechte hat? Wenn Zugehörigkeit an einen Pass gebunden ist, der weniger mit Identifikation zu tun hat als mit Herkunft, Bürokratie, Ausschluss? Wenn Demokratie vorgibt, inklusiv zu sein – aber systematisch ausschliesst? Und diese Ausschlüsse immer starrer, immer unumgänglicher werden?

Wer hier lebt, soll mitentscheiden. Nicht als Geste, sondern als Grundlage. Nicht irgendwann, sondern jetzt. Wahl- und Stimmrecht für alle, die Teil dieses Landes sind – unabhängig von Herkunft, Aufenthaltsdauer oder Dokumenten.

Eine postmigrantische Demokratie fragt nicht: «Wie lange bist du schon da?» Sondern: «Was trägst du mit? Was fehlt dir, um dich zu beteiligen?» Sie misst politische Reife nicht an Papieren. Und sie anerkennt, dass Mitbestimmung kein Privileg ist, sondern ein Recht.

Süden – Migration als Grundrecht;
nicht als Gnade

Der Süden steht hoch. Er trägt das Licht, die Wärme, das Antidot. In alten Karten lag der Süden unten – als würde die Positionalität etwas über Wert aussagen. Doch jetzt, in dieser Bewegung, kippt die Achse. Der Süden ist kein Rand, sondern kann als Zentrum fungieren. Keine Abweichung, sondern Ursprung.

Migration ist kein Ausnahmezustand. Kein Problem, das man regelt. Kein Strom, den man lenkt. Keine Welle, gegen diese es sich zu schützen gibt. Migration ist so alt wie die Menschheit selbst – eine Bewegung, eine Hoffnung, ein Überleben. Und sie ist ein Recht. Kein Paragraf, sondern ein moralischer Kompass.

Jeder Mensch hat das Recht, sich zu bewegen. Sicher anzukommen. Zu bleiben. Gesehen zu werden. Die Politik aber behandelt dieses Recht wie eine Gnade – gewährt, entzogen, verteilt nach Nutzen, Herkunft, Kategorie. Es gibt Visa für Talent, Asyl für Bedrohung, Duldung für das, was man nicht sieht. Aber kein Platz für das einfache, menschliche Bedürfnis, woanders leben zu wollen/müssen/sollen/können.

Hinter dieser Logik steht ein gewaltförmiges Ordnungssystem:

Ein Staatsbürger:innenschaftsregime, das
Zugehörigkeit verwaltet.
Eine dehumanisierende Abschottungsdoktrin,
Bewegung selektiert.
Ein koloniales Erbe, das Mobilität aus dem
globalen Süden kriminalisiert –
und gleichzeitig vom globalen Süden profitiert.

Eine gerechte Ordnung beginnt nicht mit Kontrolle, sondern mit Anerkennung. Migrationspolitik darf nicht nach Nützlichkeit sortieren, sondern muss Schutz garantieren, Wege öffnen. Bleiben ermöglichen. Abschottung schützt nichts – sie verschiebt nur Verantwortung.

Die «Nachhaltigkeitsinitiative» zeichnet Migration als Bedrohung. Sie stellt Begrenzung ins Zentrum – wir stellen Biografien und Verflechtungen davor. Wir zeigen sie als Teil des Lebens. Und sagen: Dieses Land ist nicht voll. Es ist noch nicht fertig.

Südwesten – Weg von Nützlichkeitsdenken;
hin zu Menschlichkeit und Gerechtigkeit

Der Südwesten ist ein Raum mit viel Bewegung, wenig Sichtbarkeit. Hier wird geleistet, ausgelagert – aber selten anerkannt. Hier beginnt die Frage: Zählt ein Mensch nur, wenn mensch funktioniert? – leistet? – sich aufgibt? – arbeitet?

Zu oft war Migrationspolitik eine Frage der Verfügbarkeit. Wer qualifiziert ist, darf bleiben. Wer pflegt, darf bleiben. Wer sich nützlich macht, darf bleiben. Alle anderen – nur im Ausnahmefall. Nur befristet. Nur geduldet.

Doch ein postmigrantischer Approach erkennt: Rechte sind nicht willkürlich zu verteilen. Sie sind nicht selektiv. Sie gelten nicht nur für jene, die Versorgungslücken schliessen und demografische Probleme ausgleichen. Es braucht eine Politik, die nicht fragt, wie viel jemand leistet, sondern ob jemand lebt. Hier. Jetzt.

Denn hinter der Nützlichkeitslogik steht ein System des *racial capitalism*:

Ein Verwertungsregime, das Menschen nach
ökonomischem Potenzial sortiert.
Eine Politik, die Leben instrumentalisiert.
Ein Staat, der Zugehörigkeit nach Funktion bemisst.

Wir brauchen ein System, das nicht mehr unterscheidet zwischen «gewollten» und «ungewollten» Migrant:innen. Nicht nach Herkunft, nicht nach ökonomischem Wert. Sondern nach Menschlichkeit. Nach dem einfachen Grundsatz, dass Würde nicht verdient werden muss.

Westen – Rechte statt Rassifizierung; postmigrantische Vision von Zugehörigkeit

Im Westen liegen die Archive. Dort bewahrt man, was war. Dort schreibt man Geschichte – und entscheidet, wer darin vorkommt. Oft beginnt dort auch das Vergessen.

Die migrationspolitischen Debatten der Vergangenheit – und viel zu oft auch der Gegenwart – sind rassifiziert, nationalistisch, paternalistisch. Sie gehen nicht vom Menschen aus, sondern vom Pass. Nicht vom Hier, sondern vom Woher. Sie wollen regeln, wer dazugehören darf und wer es nie ganz wird.

Doch Zugehörigkeit ist kein Verwaltungsakt. Sie ist Beziehung. Erfahrung. Widerspruch. Sie beginnt nicht mit Anerkennung von oben, sondern mit Anspruch von unten. Sie lebt nicht in Formularen, sondern in Freundschaften, Konflikten, Nachbarschaften, Begehren.

Wir fordern eine Politik der Rechte – nicht der Duldung. Das Recht auf Bewegung. Auf Bleiben. Auf Mitbestimmung. Auf ein Leben ohne Angst vor Verlust, Kontrolle, Ausschluss. Die Demokratie-Initiative steht exemplarisch für diese Öffnung – und wurde von Menschen getragen, die selbst noch nicht wählen dürfen. Menschen, die sich ihr Recht auf Mitbestimmung nicht nehmen lassen und es schon heute praktizieren.

Zugehörigkeit lässt sich nicht mehr rückwärts denken. Die Gesellschaft und der Schweizer Wohlstand sind längst postmigrantisch – sie bestehen nicht trotz Migration, sondern durch sie. Migrationspolitik darf nicht länger eine Politik der Vergangenheit sein. Sie muss die Zukunft entwerfen. Und zwar für alle.

Nordwesten – Erinnerungspolitiken und Verantwortung; wer erzählt die Schweiz?

Der Nordwesten liegt im Schatten. Dort, wo das Licht von hinten kommt, sind Umrisse sichtbar, aber nie ganz klar. Dort verschwimmen die Linien zwischen Geschichte und Geschichten, zwischen dem, was erinnert wird – und dem, was nie erzählt wurde.

Migration erscheint in den offiziellen Erzählungen oft als Bruch. Als Ausnahme. Als Zäsur. Doch sie war nie das Andere der Schweiz, sondern ihr Kern. Menschen kamen, gingen, blieben. Sie pflasterten Strassen, putzten Züge, füllten Pflegebetten, trugen Sprachen, Religionen, Träume über Grenzen hinweg. Ihre Spuren sind da – nur die Worte fehlen.

Denn Erinnerung ist nicht neutral.
Sie ist selektiv.
Sie ist gemacht.
Und sie ist ein Werkzeug – auch migrationspolitisch.

Wer wird erinnert?
Wer vergessen?
Wer hat das Recht, das «Wir» zu definieren?

Die offizielle Erinnerung schweigt zu vielem.

Sie verkennt die postmigrantische Gegenwart, ignoriert die koloniale Verflechtung, stilisiert die Schweiz als geschlossenes Projekt. Doch die Schweiz war nie abgeschlossen. Nie unabhängig im eigentlichen Sinn.

Sie war durchlässig, eingebettet, durchzogen von Mobilität – und verstrickt in globale Ungleichheit: Im Rohstoffhandel. In Banken. In kolonialer Wissenschaft. In transnationalen Konzernen.

Es braucht eine neue kollektive Erzählung. Eine, die nicht von oben bestimmt wird – sondern aus vielen

Stimmen spricht. Eine, die nicht nur erinnert – sondern irritiert. Eine, die nicht nach Schuld fragt – sondern nach Verantwortung.

Erinnerungspolitik ist Teil der Zukunft. Sie bestimmt, wer sprechen darf. Wer dazugehört. Wer mitgestalten kann.

Es ist Zeit, das zu benennen. Und umzuschreiben. Nicht aus Schuld, sondern aus Verantwortung. Nicht, um abzurechnen – sondern um aufzubauen. Auf einem Bild, das vollständiger ist. Und gerechter.

Norden – Was, wenn der Kompass nicht nur nach Norden zeigt?

Früher zeigte der Kompass nach Norden. Dort lag das Zentrum, die Stabilität, das Ziel. Doch inzwischen wissen wir: Der Norden ist nicht neutral. Er war nie bloss Himmelsrichtung – er war die Machtposition.

Migrationsbiografien beginnen selten aus freiem Entschluss. Sie beginnen im Krieg, in Armut, unter Fremdeinwirkung, in der Suche nach Selbstverwirklichung – mit Hoffnung und Schmerz, mit dem Zerbrechen von Alltäglichem. Und oft beginnen sie an Orten, die durch andere Orte erst in diese Lage geraten sind: Klimawandel, Ausbeutung, politische Instabilität – das alles ist nicht einfach «woanders». Es ist verbunden mit unseren Entscheidungen, unseren Systemen, unserer Geschichte.

Die Schweiz profitiert seit Langem von diesen Verflechtungen: von Handelswegen, von Märkten, von Arbeitskräften, von Sicherheit. Von einem Weltbild, das Mobilität für manche als Privileg betrachtet – und für andere als Risiko. Postkoloniale Kontinuitäten sind keine abstrakte Theorie. Sie zeigen sich in Lieferketten, in Migrationsrouten, in Seenot, in Asylstatistiken. Und sie werden sichtbar an den Grenzen – dort, wo Ausgrenzung beginnt, obwohl soziale, ökologische und ökonomische

Krisen längst gemeinsame Realität sind. Gerade an dieser Schwelle entscheidet sich, ob Politik Grenzen zieht oder Verantwortung übernimmt. Und genau hier beginnt die eigentliche Aufgabe:

Migrationspolitik darf nicht als Verteidigungsinstrument verstanden werden – auch nicht in Zeiten ökologischer, sozialer oder wirtschaftlicher Krisen. Nicht als Massnahme gegen Bewegung, sondern als Teil ebendieser globalen Verantwortung.

Globale Gerechtigkeit erweist sich an den Grenzen – und reicht weit darüber hinaus. Sie entsteht, wenn wir den Kompass neu lesen: nicht als starre Ausrichtung nach einem Machtzentrum, sondern als gleichwertige Einladung in alle Richtungen. Denn bei einem Kompass geht es nicht nur um die Richtung der Nadel, sondern um die gleichzeitige Offenheit aller Wege – um Verlässlichkeit, Beständigkeit und das Versprechen von Orientierung in schwierigen Zeiten. Orientierung heisst dann nicht, Grenzen zu schliessen, sondern Wege zu öffnen – im Süden, Westen, Osten und Norden zugleich.

Anhang

Vania Alleva ist Präsidentin der Gewerkschaft Unia und Vize-Präsidentin des Schweizerischen Gewerkschaftsbundes (SGB).

Sanija Ameti war bis 2025 Co-Präsidentin der Operation Libero und ist seit 2022 Gemeinderätin der Stadt Zürich.

Jacqueline Badran ist Mitglied des Nationalrats für die SP, Unternehmerin und im Vorstand des Mieterverbandes. Sie ist Biologin sowie Staatswissenschaftlerin/Ökonomin und befasst sich seit Jahrzehnten mit der Immobilien- und Wohnpolitik.

Gianni D'Amato ist Professor an der Universität Neuenburg, Leiter von nccr – on the move und des Schweizerischen Forums für Migrations- und Bevölkerungsstudien (SFM).

Balthasar Glättli ist Nationalrat der GRÜNEN Schweiz. Er ist seit 2011 (mit einer kurzen Unterbrechung 2022/23) Mitglied der staatspolitischen Kommission des Nationalrats.

Volker Heins ist Sozialwissenschaftler und Autor, lehrte bis 2022 an der Universität Duisburg-Essen und zuvor an Universitäten in Frankfurt am Main, Montreal und Jerusalem. Jüngste Buchveröffentlichung (mit Frank Wolff): «Hinter Mauern. Geschlossene Grenzen als Gefahr für die offene Gesellschaft» (Berlin: Suhrkamp 2023). Im März 2026 erscheint: «Sichere Häfen. Städte als Zuflucht» (Hamburg: Nautilus 2026).

Artan Islamaj ist Co-Direktor des Instituts Neue Schweiz (INES), wo er an einer postmigrantischen, gerechten und pluralen Gesellschaft mitwirkt. Er textet an der Schnittstelle von Politik(en), Sprache(n) und Ästhetik(en).

Daniel Lampart ist Co-Leiter des SGB-Sekretariates und Chefökonom des SGB.

Philipp Lutz ist Politikwissenschaftler an der Universität Genf und an der Freien Universität Amsterdam. Er forscht zu den politischen Auswirkungen von Einwanderung und deren Bedeutung für das Funktionieren liberaler Demokratien.

Julia Maisenbacher ist promovierte Sozialwissenschaftlerin und engagiert sich im neu gegründeten Büro für Feminismus (https://büro-feminismus.ch/) – einer Genoss:innenschaft, die kollaborativ Wissen zu feministischer Ökonomie und Sorge-Arbeit produziert.

Stefan Manser-Egli ist Co-Präsident von Operation Libero und Mitinitiant der «Demokratie-Initiative». Seine Dissertation in der Migrationsforschung mit dem Titel «Illiberal Integrationism» hat er 2024 an der Universität Neuchâtel abgeschlossen, derzeit forscht er an der Universität Amsterdam.

Lisa Mazzone ist seit 2024 Präsidentin der GRÜNEN Schweiz.

Nadja Mosimann ist promovierte Politikwissenschaftlerin. Sie arbeitet als Geschäftsführerin des Denknetz.

Beat Ringger war bis zu seiner Pensionierung geschäftsleitender Sekretär des Denknetz und zuvor Zentralsekretär der Gewerkschaft VPOD. Er ist als Publizist tätig und in den Fachgruppen Politische Ökonomie sowie Sozialpolitik, Arbeit und Care-Ökonomie des Denknetz aktiv.

Adina Rom ist Ökonomin an der ETH Zürich, wo sie eine Initiative zur globalen nachhaltigen

Entwicklung leitet. Zudem engagiert sie sich ehrenamtlich gegen Rassismus, Antisemitismus und Diskriminierung in der Schweiz.

Samir flüchtete als Kind mit seinen Eltern in die Schweiz. Lehre als Typograf, danach Tellerwäscher. 1981 bis 1990 Mitglied des Kollektivs Videoladen (Züri brännt). Realisierte seither als Regisseur über 40 Filme. Seit 1995 auch Produzent bei Dschoint Ventschr Filmproduktion. Sein letzter Film «Die wundersame Verwandlung der Arbeiterklasse in Ausländer» kam 2024 in die Kinos.

Sarah Schilliger ist promovierte Sozialwissenschaftlerin und engagiert sich im neu gegründeten Büro für Feminismus (https://büro-feminismus.ch/) – einer Genoss:innenschaft, die kollaborativ Wissen zu feministischer Ökonomie und Sorge-Arbeit produziert.

Marc Spescha war während 35 Jahren als Anwalt mit Schwerpunkt im Migrationsrecht tätig. Daneben u. a. Titularprofessor und Lehrbeauftragter für Migrationsrecht an der Universität Fribourg. Mitherausgeber und Autor der bei Orell Füssli erschienenen Standardwerke «Kommentar Migrationsrecht» und «Handbuch zum Migrationsrecht».

Sabrina Stallone ist Postdoktorandin und Dozentin für Sozialanthropologie an der Universität Bern. Sie forscht zu sozialen Beziehungen und Bewegungen in der zukunfts- und wachstumsorientierten Stadt.

Simon Stettler ist Zentralsekretär:in und Vorstandsmitglied JUSO Kanton Zürich und hat einen Master-Abschluss in Angewandte Sprachen.

Miriam Suter ist freischaffende Journalistin und Autorin. Sie war Co-Produzentin des feministischen Podcast «Faust & Kupfer». Sie ist Co-Autorin von «Ich bin Sexarbeiterin» (Zürich: Limmat 2020) und «Hast Du Nein gesagt?» (Zürich: Limmat 2023).

Rosemarie Weibel ist Mitglied des Redaktionskollektivs *Gender Law Newsletter* des Feministischen Rechtsinstituts (FRI) und arbeitete bis vor Kurzem als Anwältin mit Schwerpunkt Familien-, Arbeits- und Sozialversicherungsrecht und deren Schnittstellen zum Migrationsrecht.

Cédric Wermuth ist Politikwissenschafter, Co-Präsident der Sozialdemokratischen Partei der Schweiz und Mitglied des Nationalrats.

Natalia Widla ist Autorin, freischaffende Journalistin und Textproduzentin. Widla hat in Zürich Politikwissenschaften und Gender Studies studiert und ist Co-Autorin der Bücher «Hast du Nein gesagt?» (Zürich: Limmat 2023) und «Niemals aus Liebe» (Zürich: Limmat 2024).

Pascal Zwicky ist promovierter Medienwissenschaftler und arbeitet als wissenschaftlicher Sekretär des Denknetz.

Die Herausgeber:innen bedanken sich bei allen Autor:innen für die angenehme und inspirierende Zusammenarbeit.

Erneut durften wir mit Stephan Lahrem im Korrektorat sowie mit Madeleine Stahel in Gestaltung und Satz zusammenarbeiten. Beiden danken wir für ihre Unterstützung und freuen uns auf weitere gemeinsame Projekte.

Unser Dank gilt auch Heinz Scheidegger und der edition 8, welche die Bücher von Denknetz seit vielen Jahren zuverlässig und unkompliziert verlegen.

Herzlichen Dank zudem den Mitgliedern von Denknetz für die grosszügigen Spenden im Jahr 2025, die teilweise in die Produktion dieses Buches geflossen sind. Schön, dass es Euch gibt.

Schliesslich danken wir der SP Schweiz und der GRÜNEN Partei Schweiz für die sehr geschätzte Teilfinanzierung dieses Sammelbands.

«Migrationsland Schweiz: Mythen, Realitäten und Perspektiven» wird herausgegeben von Denknetz.
Redaktion: Sanija Ameti, Lisa Mazzone, Nadja Mosimann, Cédric Wermuth, Pascal Zwicky.
Namentlich gekennzeichnete Beiträge geben die Meinung des:der Verfasser:in wieder, nicht unbedingt die der Herausgeberschaft und der Redaktion.

Produktion: Nadja Mosimann.
Gestaltung / Satz: Madeleine Stahel, Visuelle Gestaltung, Zürich.
Korrektorat: Stephan Lahrem, TEXTARBEIT, Berlin.
Druck und Bindung: StückleDruck, Ettenheim, technik@stueckle-druck.den.
Anschrift: Denknetz, Postfach
CH-8036 Zürich
info@denknetz.ch
www.denknetz.ch.

2026, 1. Auflage.

Verlag: edition 8
Quellenstrasse 25
8005 Zürich
+41 44 271 80 22
info@edition8.ch
www.edition8.ch.
Auslieferung Schweiz:
AVA Verlagsauslieferung AG
Industrie Nord 9
CH-5654 Merenschwand
avainfo@ava.ch.
Auslieferung Deutschland & Österreich:
Prolit Verlagsauslieferung GmbH
Siemenstrasse 16
D-35463 Fernwald
gpsr@prolit.de.

Zur Produktesicherheitsverordnung (GPSR) liegt zu diesem Buch eine Risikoanalyse vor. Interessierte können das PDF beim Verlag anfordern.

ISBN 978-3-85990-594-8